Neuadd y Dre, Lerpwl 1903

Cyhoeddiadau i ddod yn y gyfres

Llyfrau Hanes Byw

Straeon Hynod yn ein Hanes – *Melfyn Hopkins*
Hanes Amaethyddiaeth Cymru – *Twm Elias*
Canrif a Mwy o Babell Lên – *Ifor ap Glyn*

Prifysgol Lerpwl ac eglwysi Hope Street

Map 1836 yn dangos rhai o brif ddociau Lerpwl –
y 'George's Basin' oedd yr un a gâi'i alw yn 'Welsh Basin'

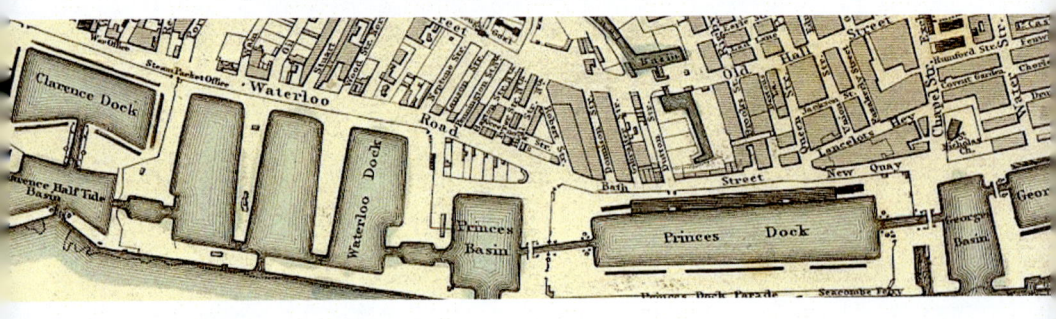

Cerdded Lerpwl y Cymry

Gari Wyn

Llyfrau Hanes Byw 1

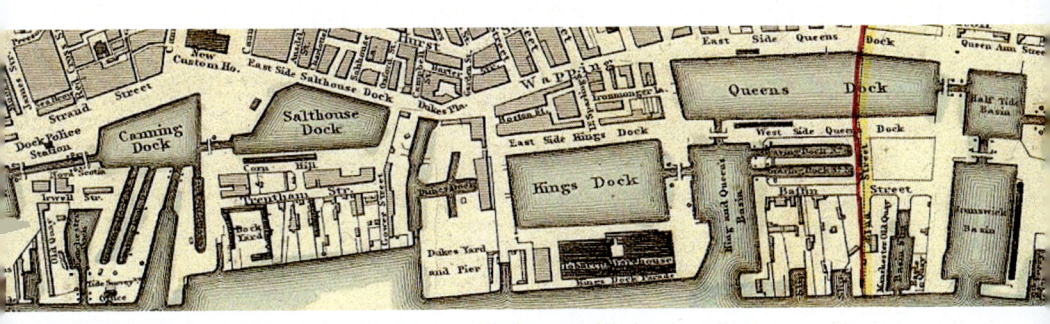

Argraffiad cyntaf: 2024

Hawlfraint testun: Gari Wyn, 2024

Cedwir pob hawl.
Ni chaniateir atgynhyrchu unrhyw ran o'r cyhoeddiad hwn,
na'i gadw mewn cyfundrefn adferadwy, na'i drosglwyddo
mewn unrhyw ddull na thrwy unrhyw gyfrwng, electronig, electrostatig,
tâp magnetig, mecanyddol, ffotogopïo, recordio, nac fel arall,
heb ganiatâd ymlaen llaw gan y cyhoeddwyr, Gwasg Carreg Gwalch,
12 Iard yr Orsaf, Llanrwst, Dyffryn Conwy, Cymru LL26 0EH.

ISBN clawr meddal: 978-1-84527-943-1

ISBN elyfr: 978-1-84524-575-7

CYNGOR LLYFRAU CYMRU

Cyhoeddwyd gyda chymorth Cyngor Llyfrau Cymru

Cynllun clawr: Eleri Owen
Mapiau: Alison Davies, Mapping Co. Ltd

Cyhoeddwyd gan Wasg Carreg Gwalch,
12 Iard yr Orsaf, Llanrwst, Dyffryn Conwy, Cymru LL26 0EH.
Ffôn: 01492 642031
e-bost: llyfrau@carreg-gwalch.cymru
lle ar y we: www.carreg-gwalch.cymru

Argraffwyd a chyhoeddwyd yng Nghymru

CYDNABYDDIAETH

Diolch:

— *i'r holl haneswyr ac awduron fu'n croniclo hanes a gweithgarwch Cymry Lerpwl dros gyfnod o ganrif a hanner*

— *i Myrddin a phawb yng Ngwasg Carreg Gwalch am eu gwaith trylwyr*

— *i Modlen, fy nheulu a ffrindiau lu a fu mor amyneddgar a chefnogol*

Gair gan Elfyn Thomas

Ers rhai blynyddoedd bellach, mae'n cwmni bysus ni yn anelu am Lerpwl gyda llond y seddau o Gymry difyr ar daith ar drywydd hanes y rhai wnaeth fudo o Gymru i'r ddinas dros y 150 o flynyddoedd diwethaf.

Fel trefnydd, rydw i'n gwybod o'r gorau fod cael tywysydd da yn allweddol i lwyddiant pob taith. Yn Gari Wyn, mi gawsom ni nid yn unig hanesydd sydd wedi astudio hanes y Cymry ar lannau Merswy yn drylwyr, ond hefyd un da am adrodd stori, am ddod â hanes yn fyw ac am greu darlun o gymeriadau'r dyddiau a fu oedd yn aros yn y cof.

Ar draws gogledd Cymru a'r canolbarth, tyrrodd y Cymry i Lerpwl i weithio mewn sawl maes. Mae amrywiaeth y galwedigaethau a'r meysydd lle gwnaethan nhw eu marc yn syfrdanol. Mae Gari yn crynhoi eu hynt drwy bedair taith gerdded yn y ddinas. Dyma lawlyfr cyfleus ichi ymuno â ni ar un o deithiau'r dyfodol, neu i deithio yn eich dychymyg yn eich cadair gyfforddus yn eich cartref!

Ar y teithiau hyn, mae gennym gwmni o bob sir yn y gogledd a'r canolbarth fel rheol. Y syndod yw fod rhywun yno o'r rhan fwyaf o ardaloedd o froydd mebyd y Cymry mae Gari yn sôn amdanyn nhw. Dyna pa mor agos ydan ni i gyd at y straeon am y bobl hyn. Dyma Hanes Byw go iawn. Mwynhewch!

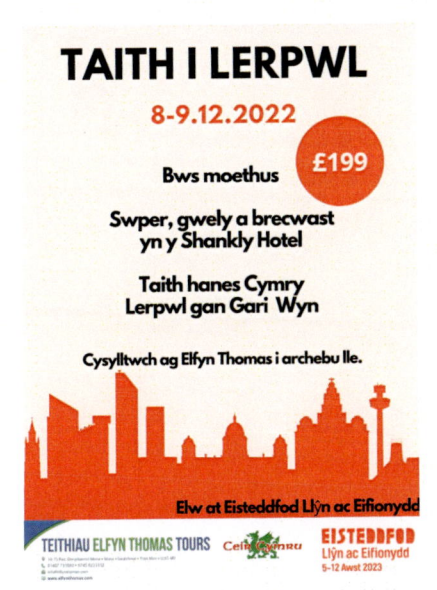

Elfyn Thomas, trefnydd y teithiau

Gari a'r dyrfa wrth droed cerflun o un o Gymry Lerpwl

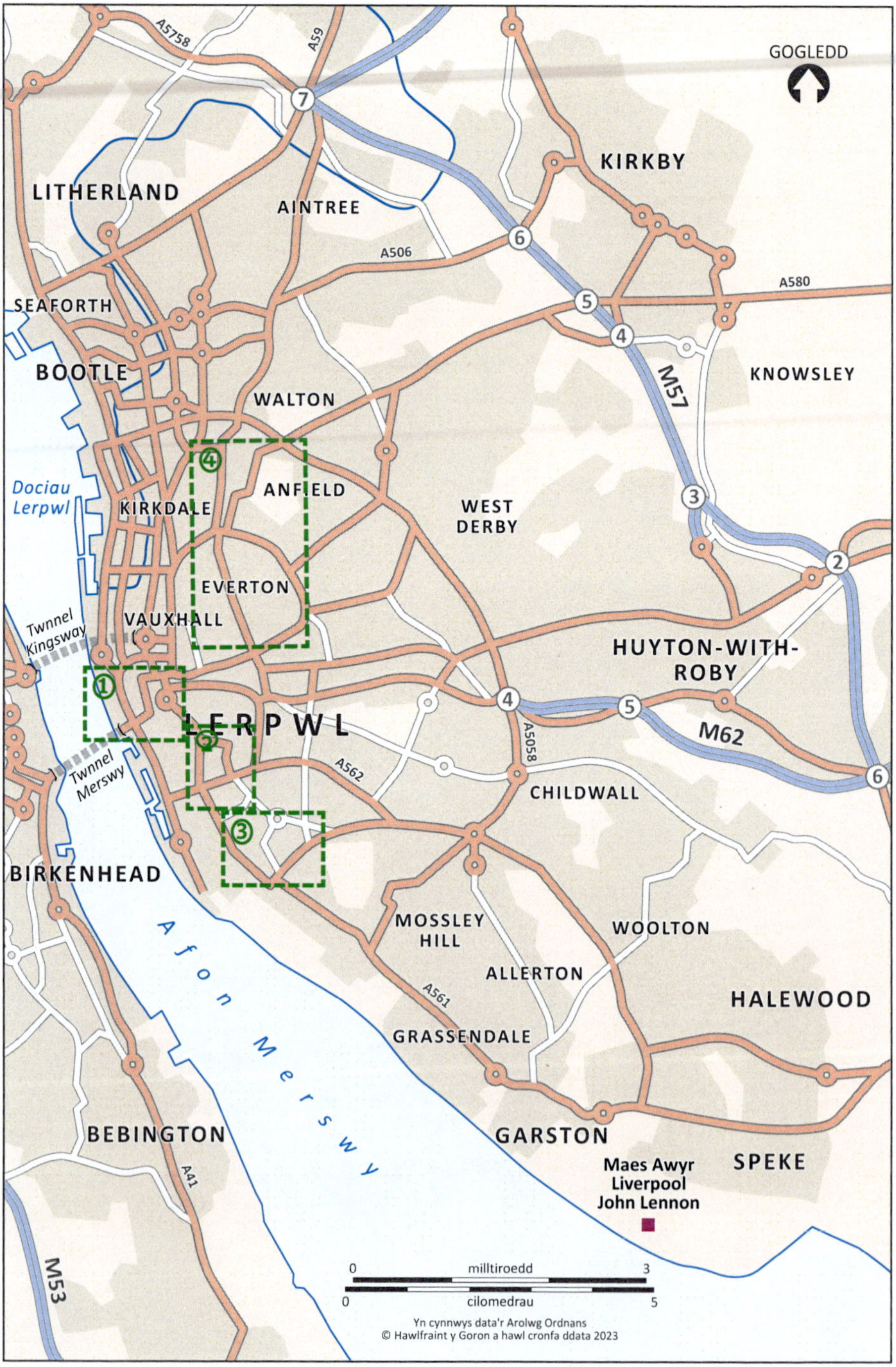
GOGLEDD
A5758
A59
7
LITHERLAND
AINTREE
KIRKBY
6
A506
A580
SEAFORTH
5
4
BOOTLE
M57
KNOWSLEY
WALTON
4
Dociau
Lerpwl
KIRKDALE
ANFIELD
WEST
DERBY
3
2
EVERTON
VAUXHALL
Twnnel
Kingsway
HUYTON-WITH-
ROBY
1
4
5
LERPWL
M62
2
A5058
Twnnel
Merswy
A562
6
CHILDWALL
3
BIRKENHEAD
Afon Merswy
MOSSLEY
HILL
WOOLTON
ALLERTON
A561
HALEWOOD
GRASSENDALE
BEBINGTON
GARSTON
SPEKE
A41
Maes Awyr
Liverpool
John Lennon
M53
0
milltiroedd
3
0
cilomedrau
5
Yn cynnwys data'r Arolwg Ordnans
© Hawlfraint y Goron a hawl cronfa ddata 2023

Cynnwys

Cyflwyniad   10

Rhagarweiniad cyffredinol i'r teithiau   13

Y Daith Gyntaf   18
    Ardal **strydoedd cynnar** y ddinas o gwmpas Neuadd y Dre, Castle Street, Water Street, Brunswick Street, y Liver Building a Prince's Dock, Sgwâr yr Exchange, Dale Street a Crosshall Street.

Yr Ail Daith   46
    Canol y ddinas a'r ardal Sioraidd i'r gorllewin a'r gogledd o Hope Street, Catharine Street, Falkner Street, Chatham Street ac yn ôl i dafarn y Philharmonic.

Y Drydedd Daith   62
    Ardal Toxteth i'r de o Parliament Street
    O groesffordd Parliament Street a Princes Road tuag at Gapel Princes Road, y 'Welsh Cathedral' ac ymlaen i Welsh Streets David Roberts a Richard Owens (a enwyd ar ôl stadau bonedd gogledd Cymru). Ymlaen drwy Devonshire Street tua'r gogledd drwy berfeddion Toxteth ac i fynwent Smithdown Road.

Y Bedwaredd Daith   86
    Y gogledd
    Lleoliadau a strydoedd yn Anfield ac Everton, hyd at ymylon Bootle, Walton a Kirkdale. Dechrau ar Everton Road uwchben Parc Everton lle safai Everton Village. Ymlaen i strydoedd David Hughes, Cemaes o gwmpas stadiwm Lerpwl ac yna ymlaen tuag at stadiwm Everton yn Goodison ac ar hyd strydoedd arloesol Owen Elias o Fôn. Rhan olaf y daith hon fydd ymweliad â Mynwent Anfield a beddfeini rhai o'r Cymry amlwg sydd yno.

Brics mewn wal   120

Gair i gloi   121

Cydnabyddiaeth lluniau   122

Cyflwyniad

Chwarter canrif yn ôl mi ddois ar draws llyfr o'r enw *The Welsh Builder on Merseyside*. Dyma, i mi, ddechreuad ar daith drwy hanes y ddinas unigryw honno a elwir yn Lerpwl. Mae'r gyfrol yma yn croniclo hanes cyfraniad economaidd a diwylliannol dros dri chant o adeiladwyr llwyddiannus (heb fawr o sôn ynddi gwaetha'r modd, am gyfraniad pwysig y merched Cymreig). Bu'r adeiladwyr hyn yn allweddol yn natblygiad daearyddol a phensaernïol y ddinas. Roedd awdur y llyfr, J. R. Jones, yn fab-yng-nghyfraith i John Hughes, un o adeiladwyr amlwg y ddinas, â'i wreiddiau yn Llanrhuddlad, Ynys Môn.

Mae'r llyfr yn darllen fel gwyddoniadur ac yn cwmpasu stori enfawr am fentergarwch ac uchelgais, am ymroddiad, ac am gyfalafiaeth gydwybodol sy'n cynrychioli gwerthoedd gorau ein hanes fel Cymry. I mi, agorodd y *Welsh Builder* ddrysau newydd i bob agwedd ar hanes Cymru. Wedi imi ganfod fod un cymeriad amlwg sy'n cael sylw yn y llyfr wedi'i fagu ar fferm Ty'n y Graig, rhai caeau oddi wrth fy nghartref ym mhentref Glasfryn, Uwchaled, fe dyfodd yr holl stori yn fymryn o obsesiwn gen i. Drwy lafur yr unigolion a groniclir yn y llyfr, a'u hargyhoeddiad crefyddol a'u hymwybyddiaeth o werthoedd cymdeithasol, fe grëwyd rhwydwaith unigryw o ddatblygiadau a adawodd ôl parhaol, nid yn unig ar ddinas Lerpwl ond ar sawl agwedd arall o hanes Cymru.

Fel y datblygodd y porthladd o gwmpas pentref Lerpwl a glannau Merswy yn ystod diwedd y ddeunawfed ganrif daeth y Cymry yn eu miloedd i chwilio am fywyd gwell. Drwy ddycnwch a gweledigaeth roedd trwch helaeth ohonynt yn creu eu mentrau eu hunain: yn siopwyr, seiri, dilledwyr; yn llongwyr, docwyr ac adeiladwyr; yn athrawon, garddwyr, bancwyr a chrefftwyr o bob math. Yn eu mysg roedd argraffwyr a chyhoeddwyr, arloeswyr crefyddol a meddygol, awduron

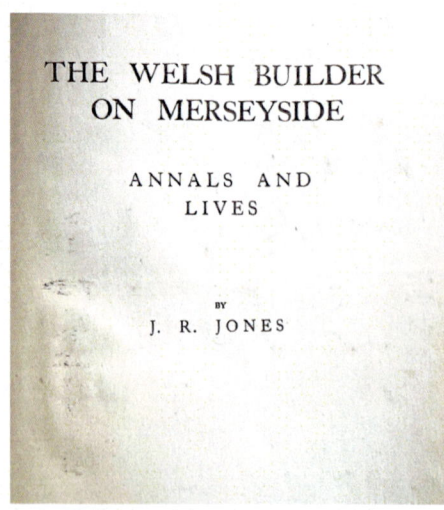

Cyfrol werthfawr J. R. Jones, 1947

Owen Elias, un o'r adeiladwyr

nodedig a philanthropyddion rhyngwladol.

Eironi mawr y stori epig yma ydi'r ffaith nad yw'r mwyafrif ohonom yn ymwybodol ohoni, nac yn gwybod am orchestion y bobl fentrus a rhyfeddol hyn a gyfrannodd mor helaeth at greu un o ddinasoedd mwyaf lliwgar a chyfoethog Ewrop.

Pwrpas y teithlyfr yma fydd gosod y bennod enfawr yma ar fap hanesyddol Cymru ac i oleuo ac i hyrwyddo diddordeb yn yr holl stori o fewn y Gymru gyfoes.

* * *

Mae Lerpwl erbyn hyn, fel cytrefiad, yn meddu ar boblogaeth o bron i filiwn. Ar ddechrau'r ugeinfed ganrif roedd 30% o'r boblogaeth yn tarddu o gefndir Cymreig, ac mae ystadegau yn dangos bod dros 30,000 yn siarad Cymraeg yno yn 1901. Yn wir roedd Saunders Lewis yn tybio bod 100,000 o'r boblogaeth yn hannu o Gymru yn ystod ei blentyndod ef. Mae hi'n sefyllfa rwystredig pan fo penodau pwysig mewn hanes cenedl yn cael eu hamddifadu rhag derbyn sylw dyledus a phriodol.

Mae sawl un wedi ymdrechu i newid hynny, a'r pennaf ohonynt heb amheuaeth yw'r hanesydd a'r awdur, y Dr D. Ben Rees, sydd wedi rhoi ei oes i groniclo hanes rhai o'r unigolion yma fu mor ddylanwadol yn hanes dinas Lerpwl. Mae'i gyfrolau swmpus yn hynod o werthfawr.

Fel cyn-athro Hanes bûm yn ymwybodol yn fy ngwaith bob dydd am dair blynedd ar ddeg mai'r ffordd orau i ddod â hanes yn fyw ydi drwy ymweld â'r mannau hynny sy'n allweddol yn y stori. Felly, dyma benderfynu mynd ati i lunio llawlyfr y gellir ei ddefnyddio i grwydro a cherdded y ddinas. Unwaith y byddwch wedi cael map syml o'r ddinas yn eich meddwl bydd y straeon a'r gorchestion a gyflawnwyd yn haws i'w dilyn. Bydd ymweld â'r mannau allweddol yn dod â stori Cymry Lerpwl yn fyw ichi. Fel un sydd wedi tywys sawl taith hanes bellach o gwmpas canol y ddinas, ac o gwmpas y cyrion (Toxteth a Smithdown yn y de, ac Everton, Anfield, Bootle a Kirkdale yn fwyaf arbennig yn y gogledd), rwyf wedi profi'r syndod a'r edmygedd sydd gan fy nghyd-gerddwyr tuag at y stori ryfeddol hon.

Dylwn bwysleisio nad oes angen dilyn y teithiau'n ddeddfol. Mae cerdded llwybrau dinas yn hollol wahanol i gerdded mynyddoedd. Gallwch ddewis unrhyw un o'r teithiau mewn unrhyw drefn y dymunwch. Nid teithiau wedi'u sylfaenu ar gronoleg amser na golygfeydd sydd yma, ond yn hytrach ymweliadau â mannau sy'n llawn hanes, adeiladau, digwyddiadau a chyfraniad pobol.

Dewch hefo fi felly i grwydro strydoedd Lerpwl, ac i ymweld â pharciau, cofebau ac adeiladau sydd yno hyd heddiw, ac sy'n ein hatgoffa o'r dreftadaeth Gymreig fu'n rhan mor annatod o greadigaeth y Sgows. I bwrpas hwylustod cerdded a chrwydro'r mannau dan sylw, mae'r teithlyfr wedi'i rannu'n bedair ardal neu bedair taith benodol, a phob un o'r pedair pennod wedi'u rhannu'n is-ardaloedd a strydoedd sy'n adrodd hanes rhai o Gymry amlycaf Lerpwl. Bu'n rhaid hepgor hanes sawl unigolyn a lleoliad, a hynny am mai ysgrifennu teithlyfr neu lawlyfr oedd y bwriad – mae cyfrolau eraill wedi cronilco'r hanes yn llawnach, wrth gwrs. Ond nid cyflwyno llith hanesyddol yw pwrpas y llyfr yma. Gobeithio felly y bydd cerdded heolydd y ddinas yn dwyn oriau o bleser ichi ac y dewch chi, fel finnau, i deimlo agosatrwydd at y ddinas ac i werthfawrogi ac edmygu cyfraniad arbennig y Cymry o fewn ei hesblygiad.

Gari Wyn

Neuadd y Dre

Rhagarweiniad cyffredinol i'r teithiau

Cyn inni ddechrau crwydro llwybrau'r ddinas, gadewch inni fanylu ar gefndir hanesyddol a lleoliadau y sefydliad cynnar a adnabyddid ar un adeg gan lawer wrth yr enw Llyn Lleifiad, ond bellach fel Lerpwl. Mae'r cofnod swyddogol cyntaf yn 1190 yn cyfeirio at bentref o'r enw LĪUERPUL, a'i ystyr oedd 'pwll mwdlyd llonydd'. Mae cofnodion Cymraeg o'r ddeunawfed ganrif hefyd yn cyfeirio at y lleoliad fel 'Lle'r Pwll'. Yn ei waith ar *Enwau lleoedd yng Ngogledd Cymru* mae'r Athro Melville Richards (oedd â'i gefndir a'i fagwraeth yn Lerpwl) yn trafod yr enw 'Llyn Lleifiad'. Mae'n dweud nad oes eglurhad i'r term 'Lleifiad', ond bod naws a sŵn y gair yn awgrymu 'pwll llonydd ac ynddo heidiau o lyswennod'. Mae afon Merswy yn nodedig am ei llyswennod (*eels*) ac efallai'n wir bod yr enw yma'n cyfleu tarddiad enw'r ddinas yn llawer gwell nag unrhyw enw Saesneg.

Roedd castell amlwg yma yn nyddiau cynnar y sefydliad pentrefol. Safai'r castell ar yr union fan lle mae cofeb y Frenhines Victoria heddiw yn Sgwâr Derby. Adeiladwyd y castell oddeutu'r flwyddyn 1230, a hynny er mwyn amddiffyn y porthladd newydd yr oedd y Brenin John yn ei adeiladu gerllaw. Dyma felly ddatblygu strydoedd cynnar Lerpwl. Mae'r map cynharaf o'r pentref hwnnw yn datgelu enwau'r rhwydwaith bychan o strydoedd oedd yn rhan o hanes cynharaf Lerpwl. Er mwyn dechrau deall ac adnabod dinas bresennol Lerpwl gellir defnyddio'r hen fap yma fel canolbwynt. Mae'r strydoedd ar y map yn dilyn yr union batrwm heddiw, gyda Neuadd y Dre yn sefyll ar y groesffordd lle mae Castle Street, Water Street, a Dale Street yn cwrdd (gweler y map, t. 18). Rhain oedd y strydoedd y bu'r Cymry yn byw ynddynt wrth iddynt symud gyntaf i Lerpwl, a hynny oherwydd y twf ym mhwysigrwydd y porthladd.

Wrth grwydro Lerpwl rydw i wedi canolbwyntio ar bedair ardal. Cychwyn yn yr ardal a'r strydoedd sy'n amgylchynu hen Neuadd y Dre. Yna symud i ganol y ddinas i'r ardal Sioraidd rhwng yr Eglwys Anglicanaidd ac ardal y Brifysgol. Yn drydydd, symud ymlaen i'r de i gyfeiriad Princes Park a Toxteth a mynwent Smithdown. Ac yna, y bedwaredd ardal, gogledd Lerpwl o gwmpas Anfield ac Everton gan grwydro mynwent enfawr Anfield.

Er mwyn dod i adnabod Lerpwl a'i chytrefiad amgylchynol byddai'n fuddiol astudio'r map o'r etholaethau, a gwneud hynny ochr yn ochr â map cyffredinol o'r ddinas. Byddai *iPad* a Google Earth yn ddefnyddiol iawn hefyd. Buan y daw'r ddinas yn fyw ichi, ac ymhen dim byddwch yn crwydro ar hyd y llwybrau oedd yn rhan mor annatod o fywyd dyddiol y Cymry hynny oedd mor allweddol yn hanes datblygiad modern y ddinas.

I bwrpas eich ymweliadau â Lerpwl rhaid dechrau gyda'r canolbwynt dechreuol. Cofiwch mai o gwmpas 1700 y dechreuodd y porthladd dyfu, ac erbyn 1720 roedd yna 10,000 o drigolion mewn ardal lle'r oedd llai na mil o bobl yn byw ganrif ynghynt. Erbyn 1801 roedd yna

Lerpwl 1907

boblogaeth o dros 75,000 yno, ac erbyn 1901 roedd wedi tyfu i oddeutu 650,000 (os cyfrwch yr holl gytrefiad allanol). O gyfrif ffigyrau y mewnfudiad o Gymru rhwng 1851 a 1911 roedd 120,000 wedi symud yno i fyw. Ond mae'n bwysig nodi bod yr ymfudiad Cymreig wedi dechrau go iawn o gwmpas 1750.

Cyn troad y ddeunawfed ganrif ceir sôn am sawl Davies, Hughes a Williams ddaeth yn amlwg yn hanes cymdeithasol y dref fechan newydd. Yn 1685 bu raid i un o'r enw Moses Hughes fynd o flaen ei well am ei fod yn gyson a pharhaus yn sefyll ar ben uchaf Castle Street yn gweiddi enllibion ar bwysigion ac awdurdodau'r dref. Mae cofnod am rai Cymry yn cael eu dedfrydu i alltudiaeth am droseddau a'u hanfon i weithio fwy neu lai fel caethweision i India'r Gorllewin.

Dyma ddechreuad y twf ym mhrysurdeb y dociau a hynny yn ystod cyfnod y Brenin Siôr I. Gyda'r twf ym mhwysigrwydd copr, roedd llongau yn dechrau cyrraedd yn ddyddiol o Amlwch a Biwmares. Mewn byr amser roedd nwyddau yn cael eu cludo yno o Gaergybi, Bae Dulas a Thraeth Bychan (ger Moelfre). Yn ystod y 1730au roedd Cymro o'r enw John Hughes wedi'i ddyrchafu'n faer y dref ac roedd Owen Pritchard o Fôn wedi dod yn fasnachwr whisgi a diodydd, cyn iddo yntau ddod yn faer yn 1744.

Does ryfedd i Goronwy Owen, y bardd, benderfynu dod yn gurad i Eglwys Plwyf Walton (rhyw filltir i'r gogledd o hen

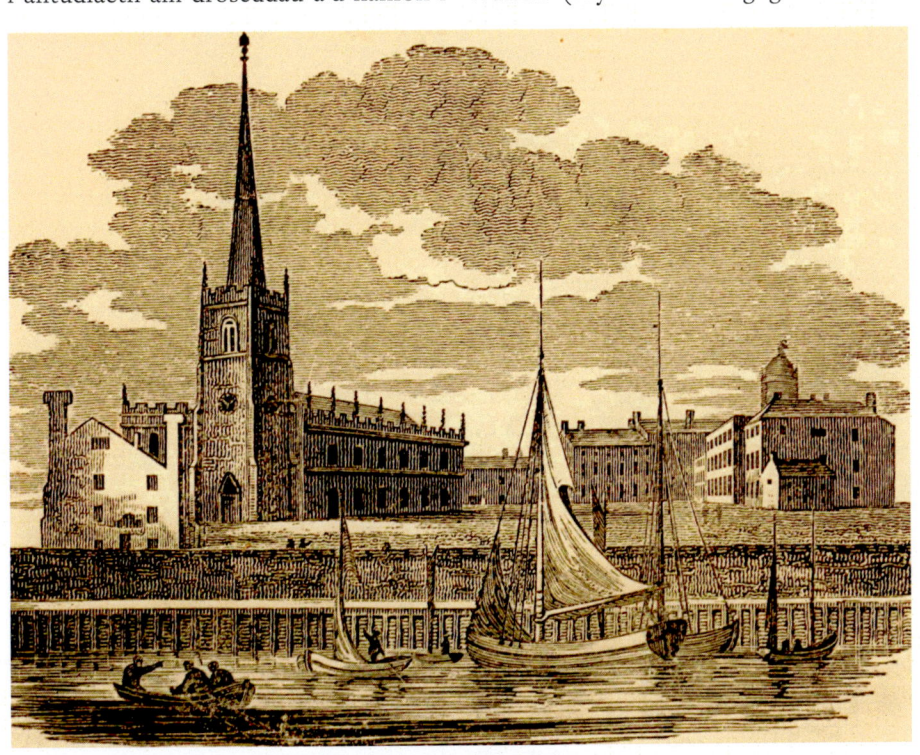

Lerpwl 1808: Y 'Welsh Basin'

*'The Three Graces' –
adeilad y Liver, y Cunard a'r Provident*

stadiwm pêl-droed Parc Goodison). Ymddengys iddo ddewis dod i'r ardal hon gan fod cyfenwau Cymreig yn frith yma. Mae'r eglwys yn dal i sefyll heddiw ac mae'r adeilad lle treuliodd ei amser yn addysgu plant y plwyf yn rhan o fynwent yr eglwys. Mae'n werth ymweld â hi a chael rhywfaint o flas y ddeunawfed ganrif. Er i'r eglwys, ar wahân i'r to, gael ei bomio yn ystod yr Ail Ryfel Byd, mae'r cyfanwaith fwy neu lai yr un fath ag yr oedd yn amser Goronwy. Yn ystod y cyfnod yma yn Lerpwl y collodd ei ferch, Elin. Dyma gwpled o'i farwnad iddi:

> Collais Elin liw hinon
> Fy ngeneth oleubleth lon.

Ymhen dwy flynedd roedd Goronwy Owen wedi ymfudo i Virginia. Gwyddom bellach fod y cyfnod hwnnw wedi'i greithio gan benderfyniad Goronwy i berchnogi caethweision.

Erbyn 1785 roedd y porthladd yn prysuro. Credir fod yn agos i 500 o longau yn cartrefu yn y dociau. Mae'n bur debyg bod o leiaf 100 o'r rhain yn ymhél rywsut neu'i gilydd â'r farchnad gaethweision. O ystyried fod llongau a llongwyr o Borthmadog, Pwllheli, Caernarfon a'r Felinheli yn teithio 'nôl ac ymlaen i St George's Dock, ac yn dadlwytho cerrig a llechi y chwareli, gallwn gymryd yn ganiataol bod llawer ohonynt yn bwrw angor bywyd ar y glannau hefyd.

Er mwyn mynd o dan groen bywyd y llongwyr Cymreig rhaid ichi gerdded o gwmpas ymylon y Liver Building. O gwmpas yr adeilad gwych yma saif waliau St George's Dock. Enw pobl Lerpwl ar y doc oedd 'the Welsh Basin'. Gellir dychmygu'r Gymraeg yn fyw ynghanol

Agoriad Prince's Dock, 1821

gweithgareddau y degawdau prysur hynny. Roedd yr un peth yn wir am yr adeiladwyr oedd yn adeiladu Doc y Frenhines a Doc y Brenin yn ystod ugain mlynedd olaf y ddeunawfed ganrif. Roedd llawer ohonynt wedi dod yma ar longau Cymreig. Mewn sawl ffordd roedd cyfraniad y Cymry yr un mor bwysig â chyfraniad y Gwyddelod. Dyma ichi restr o'r chwe chyfenw mwyaf cyffredin yng Nglannau Merswy yn ôl arolwg a wnaed ym Mehefin 2023. Mae pump ohonyn nhw yn rhai Cymreig.

Jones	23,012
Smith	16,276
Williams	13,997
Davies	10,149
Hughes	9,787
Roberts	9,571

18

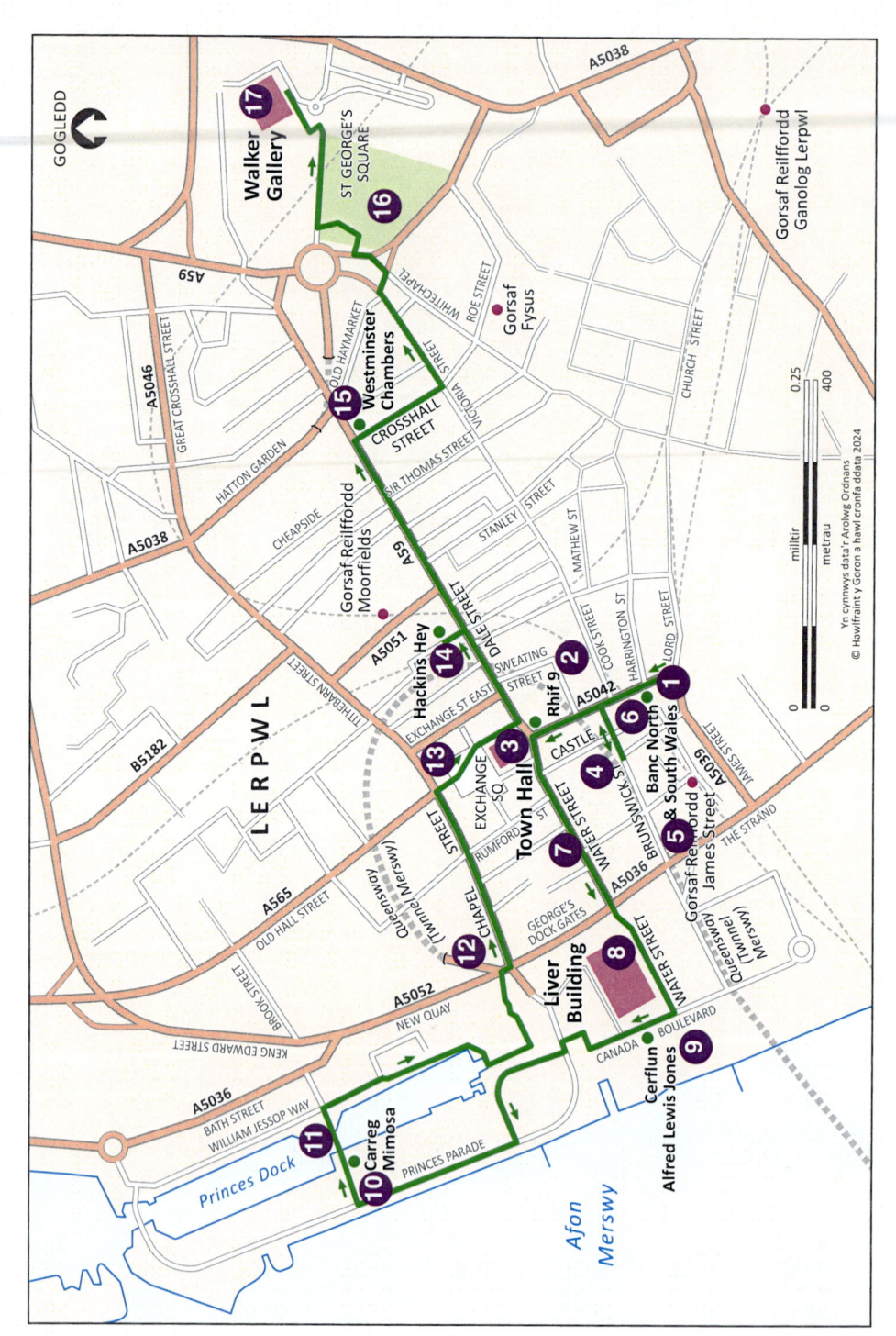

Y Daith Gyntaf

Ardal **strydoedd cynnar** y ddinas o gwmpas Neuadd y Dre, Castle Street, Water Street, Brunswick Street, y Liver Building a Prince's Dock, Sgwâr yr Exchange, Dale Street a Crosshall Street.

Cerdded ar hyd Castle Street

1 Cychwynnwn **ar waelod Castle Street**, sef y stryd sy'n arwain i fyny'r allt oddi wrth gofeb y Frenhines Victoria ar Derby Square, tuag at gyntedd hen Neuadd y Dre. Mae hi tua tri chanllath o hyd. Yma oedd curiad calon y dref a'r ddinas gynnar. Y tu cefn i'r Neuadd, ar sgwâr yr Exchange, y dechreuodd y marsiandwyr brynu a gwerthu'r nwyddau a ddeuai mewn i'r dref o'r dociau. Yn y sgwâr hwn y gwelwyd bwrlwm y byd arian yn dechrau go iawn mewn dinas ogleddol. Pan ddechreuodd cotwm ddod yn un o brif fewnforion Prydain daeth y sgwâr yma a Dale Street (sy'n rhedeg tua'r dwyrain am bedwar canllath) yn bencadlys i nifer o gwmnïau masnach cyfoethog. Yma y deliodd Eliezer Pugh o Ddolgellau gyda rhai o gyflenwyr cotwm pwysicaf Prydain a dod yn un o wŷr cyfoethocaf y ddinas. Bu'n gymeriad amlwg yng Nghymru oherwydd iddo gyfrannu symiau enfawr o arian tuag at y

QR 1 *Cliciwch ar y côd QR yma i weld ffilm o gyflwyniad Gari Wyn ar ddechrau'r daith gyntaf*

Edrych i fyny Castle Street at Neuadd y Dre

Grisiau mawreddog Neuadd y Dre

Genhadaeth Bresbyteraidd Gymreig ac at addysg Uwchradd a Chanolraddol. Cawn sôn mwy amdano pan ddown i'r ardal sydd o gwmpas Eglwys Gadeiriol St James. Ymgartrefai yn 16 Falkner Street, sef un o'r strydoedd Sioraidd enwog sy'n agos i'r Eglwys Gadeiriol.

2 Ym mhen uchaf Castle Street, safwn yn awr yn wynebu Neuadd y Dre. Ar y dde, cyn croesi'r stryd at y Neuadd (lle saif bwyty Eidalaidd ar hyn o bryd) fe welwn mai'r adeilad pedwar llawr cyntaf ar y chwith (uwchben ac wrth ochr y bwyty Eidalaidd) yw **rhif 9 Castle Street**. Nid yw'n ormodiaith dweud bod yr adeilad yma'n un allweddol a dylanwadol iawn yn hanes y Gymru fodern. O'r adeilad yma y dechreuodd y gyntaf o dair gwasg argraffu a chyhoeddi Cymraeg yn Lerpwl. Prentis a ddringodd i fod yn berchennog y cwmni oedd John Jones (o Llansanffraid, Conwy). Ef ddatblygodd Wasg Nevetts i fod yn un o gyhoeddwyr Cymraeg pwysicaf y bedwaredd ganrif ar bymtheg. Yma o dan ei arolygaeth y cyhoeddwyd ein papur newydd cyntaf llwyddiannus modern, *Yr Amserau*, yn 1843, a hynny i raddau helaeth gyda dyfodiad Gwilym Hiraethog (William Rees o Chwibren Isaf, Llansannan) yn weinidog i'r ddinas. Roedd y wasg eisoes yn gyfrifol am gyhoeddi'r Llyfr Emynau Cymraeg sylweddol cyntaf, *Grawnsypiau Canaan* (a argraffwyd yma yn rhif 9 Castle Street o leiaf bedair gwaith). Dyma'r llyfr emynau cyntaf i gynnwys emynau lluosog William Williams, Pantycelyn. Fe'i golygwyd gan Robert Jones, Rhoslan a'i fab Daniel, a hynny mor gynnar â 1795. Mae sefyll o flaen yr adeilad yma ac ystyried ffrwyth ei gynnyrch yn rhoi gwefr. Hawdd

9 Castle Street – cartref yr hen wasg lle bu Isaac Foulkes yn argraffydd

Isaac Foulkes    *Gwilym Hiraethog* 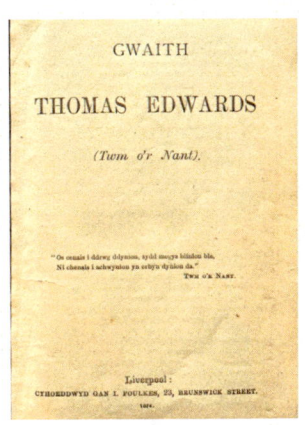   *Wynebddalen cyfrol Twm o'r Nant*

yw dychmygu pa mor fyw oedd y Gymraeg ar Castle Street. Yma hefyd yn 1850 y cyhoeddwyd y cofiant cyntaf i'r pregethwr enwog John Elias o Fôn, cofiant a ysgrifennwyd ar y cyd gan John Roberts (Minimus) a John Jones (perchennog Gwasg Nevetts). Parhaodd *Yr Amserau*, a dod yn fwyfwy poblogaidd fel papur newydd yn enwedig gyda chyhoeddi colofnau enwog Gwilym Hiraethog o dan y ffugenw 'Llythyrau 'Rhen Ffarmwr'. Yn 1859 unodd gyda'r *Faner* ac o hynny ymlaen cyhoeddwyd ef yn Ninbych gan Wasg Gee o dan yr enw *Baner ac Amserau Cymru*.

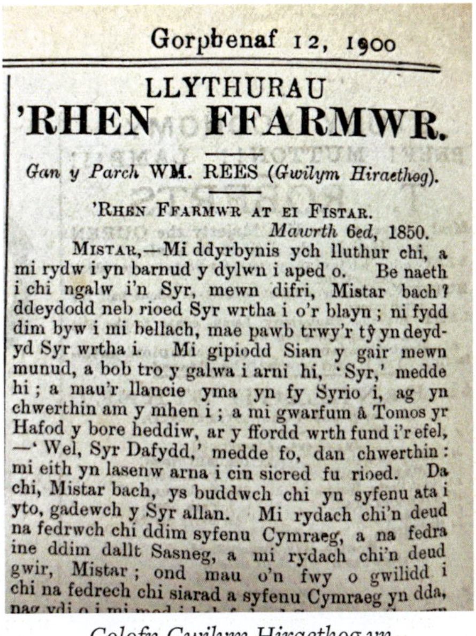

3   Mi groeswn y stryd at Neuadd y Dref rŵan. Arhoswn ennyd o flaen y **'Town Hall'** fyd-enwog a adeiladwyd yn 1754. Canolfan Ddinesig Lerpwl fu'r adeilad yma o'r dechrau. Yma mae swyddfa yr Arglwydd Faer, Siambr y Cyngor a Stafell Goffa'r Rhyfel Mawr. Cynhelir digwyddiadau pwysicaf y Gymdeithas Ddinesig yn yr ystafelloedd ysblennydd sydd oddi mewn i'r Neuadd. Yma y cyflawnwyd y weithred olaf un yng nghyd-destun Rhyfel Cartref America yn 1865 pan

Colofn Gwilym Hiraethog yn Y Cymro

ildiodd y Capten Waddell ei long yn y dociau i Lywodraeth Prydain.

I ni fel Cymry mae'n bosib mai'r digwyddiadau pwysicaf a gysylltwn gyda'r adeilad yw'r rhai sy'n ymwneud â hanes yr Eisteddfod. Cynhaliwyd yr Eisteddfod

Hwfa Môn

Yr Orsedd yn Shaw Street, Lerpwl, 1884
(y ffotograff cyntaf o Orsedd Beirdd yr Eisteddfod Genedlaethol)

Cadair Eisteddfod 1884
yn Neuadd y Dre

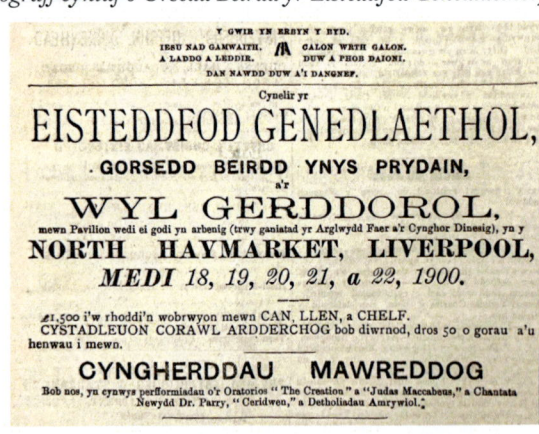

Hysbyseb Eisteddfod 1900 yn Y Cymro

J. T. Job

Pedrog

Clwydfardd

YR ORSEDD.

Tywynai yr haul—llygad goleuni—ar cylch Gorsedd y Beirdd boreu heddyw, pan y safai yr Archdderwydd ar y Maen Llog i anerch y miloedd o'i gydgenedl a llawer o gynrychiolwyr cenedloedd eraill a safent o amgylch ogylch ar Fryn Awstyn. "Yr ydym wedi cyfarfod mewn Eisteddfod ag y mae llygad y byd yn craffu arni," ebai yr archdderwydd hybarch, udgorn yr hwn oedd mor dreiddgar a seinber ag erioed. Cafwyd ganddo anerchiad byr ac i'r pwynt, a chafodd y dorf ar unwaith i'r dymher oreu.

Yn y seremoni agoriadol, yr oedd mwy o ddwylo nag o le iddynt ar y cledd, ond sicrhawyd drwy fanllefau taranol, dro ar ol tro, mai nid am gledd i ryfela yr oedd neb, ond "Heddwch" a fynid.

Yna cafwyd cainc ar y delyn gan Miss Bessie Jones, a Mr W O Jones yn canu penillion, yr hyn a wnaeth yn rhagorol iawn—" Cadw telyn Cymru'n lân."

Esgynodd y beirdd y Maen Llog, a chafwyd anerchiadau barddonol gan Trefor, Bryfdir, Tegfelyn, Ieuan Dyfed, Druisyn, Mafonwy, Llifen, Cadvan. Wedi cainc ar y delyn, caed amryw anerchiadau barddonol. Wele englyn a adroddodd yr Archdderwydd :—

Ein Gorsedd uniawn ei gwersi—a godwyd
  Ar gedyrn sylfaeni ;
Bydd cofion tra llifion Ili
Am Orsedd glanau'r Mersey.

Eto :—

Y Gymraeg, ai marw hi ?—nage ddim,
  Madd gwaedd o ardd Whitley ;
Mae hon yn mysg y meini
Heddwy'n iaith ein Gorsedd ni.
                                         MAFONWY.

Difai liw dwyfol awen—ordôa
  Wawr dawel y wybren ;
Cynnll llu mae Cân a Llên
I gwrdd hudol gwerdd Eden.

Eden cerdd, mae doniau cân—yn bwrw
  Eu baberoedd arian
Heibio y myrdd yn mhob man,
Ac angel yn mhob cynghan.

O estyn y fraint i Awstyn Fryn—heddyw
  Mewn cyhoeddus emyn,
Adgof mêl chwery'i delyn
Tra hwyliog wawr, tra haul gwyn.

Y Bryn Llwyd, mae breinian Llên—am euro
  Ei gymeriad trylen ;
A gwrid byw geir hyd ei ben—
Gwrid yw o gread awen.
                                         BRYFDIR.

Cafwyd cainc ar y delyn gan Telynores Lleifiad a Mr W O Jones.

Hanes yr Orsedd yn
Y Cymro, 1884

Genedlaethol gyntaf yn Lerpwl yn 1884 ar dir y North Haymarket sydd ar Great Homer Street (rhyw hanner milltir i'r gogledd o agoriad twnnel presennol Kingsway). Yna, yn 1900, dychwelodd yr Eisteddfod i'r ddinas. Defnyddiwyd sawl lleoliad ar gyfer yr achlysur, ond cynhaliwyd y cyfarfod agoriadol ar y nos Lun yn Neuadd y Dre, lle gwelwyd enwogion o bob maes yn ymgynnull. Anerchwyd yr Eisteddfodwyr gan Harry

Cadair Eisteddfod 1900
sydd hefyd i'w gweld yn Neuadd y Dre

Reichel, Prifathro Prifysgol Bangor, ac Owen Owen, Prif Arolygydd Bwrdd Addysg Canolraddol Cymru. Cafwyd cyfraniadau gan Vincent Evans, Ysgrifennydd Cymdeithas y Cymmrodorion (a noddwyr yr Eisteddfod) yn ogystal â'r Parch. John Williams, Brynsiencyn (gweinidog Capel Princes Road). Roedd yn un o weision recriwtio amlycaf Lloyd George yn ystod y Rhyfel Mawr. Cynhaliwyd gwledd fawr ar gyfer yr hierarchaeth yn Ystafell Fwyaf y Neuadd. Does dim dwywaith fod yr Eisteddfod hon yn eithaf uchel-ael a gwariwyd arian mawr ar y rhwysg oedd o'i chwmpas. Pedrog enillodd y Gadair a J. T. Job enillodd y Goron, y naill am awdl i'r Bugail, a'r llall am gerdd i William Williams, Pantycelyn. Cynhaliwyd y defodau hyn ar y dydd Mawrth ym Mryn Whitley (yn agos i'r dociau gogleddol) a hynny ar ôl gorymdaith yr orsedd o Sgwâr Islington filltir i'r dwyrain o ganol y ddinas.

Mae'r gadair enillodd Pedrog, yn ogystal â'r gadair a enillodd Dyfed yn Eisteddfod 1884 yn y North Haymarket, i'w gweld yng nghyntedd blaen Neuadd y Dre, o fewn dwy lathen i'r fynedfa. Cadeiriau i'w hedmygu o safbwynt eu hanes a'u crefftwaith. Gallwch drefnu ymlaen llaw i gael mynediad i gyntedd Neuadd y Dre neu os byddwch yn lwcus mi wnaiff y porthoriaid adael ichi fynd i mewn i'r cyntedd am ychydig funudau.

Clwydfardd (David Griffiths o Wytherin) oedd yr Archdderwydd yn 1884. Ef oedd yr Archdderwydd cyntaf yn hanes yr Eisteddfod Genedlaethol. Hwfa Môn oedd yr Archdderwydd yn 1900.

4 Cerddwn yn ôl i lawr Castle Street rŵan ac ar y dde gwelir y troad i mewn i **Brunswick Street**. Dyma safle pencadlys cynnar gwasg arall Gymreig (er nad oes unrhyw ran o'r adeilad gwreiddiol yma bellach) a ddylanwadodd ar hanes y Gymraeg, sef Gwasg Isaac Foulkes (Llyfrbryf). Daeth Isaac i Lerpwl i weithio fel argraffwr yng Ngwasg Nevetts (9 Castle Street) cyn cychwyn ar ei fenter fusnes ei hun yn rhif 16 Brunswick Street. Aeth ei fusnes o nerth i nerth a symudodd cyn hir i'r Don Chambers, Paradise Street a safai yn agos i lle mae siop enwog John Lewis heddiw. Cyhoeddodd ddwsinau o lyfrau Cymraeg. I Isaac Foulkes mae'r diolch am gyflwyno inni anterliwtiau Twm o'r Nant mewn diwyg proffesiynol cyflawn yn 1870.

Yma hefyd ym 1878 y cyhoeddwyd cyfrol *Llythyrau 'Rhen Ffarmwr*, sef y casgliad cyflawn o golofnau Gwilym Hiraethog. Erthyglau oedd y rhain yn mynegi syniadau'r blaid Ryddfrydol yn eglur i'r werin Gymraeg. Yma hefyd y

Cromen Neuadd y Dre

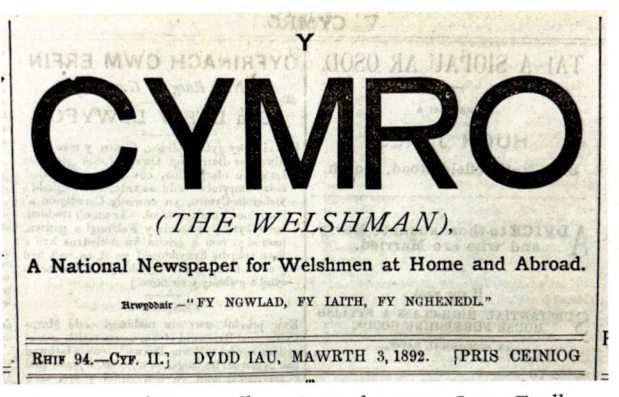

Y papur a gâi'i argraffu yn Lerpwl ar wasg Isaac Foulkes

cyhoeddodd Isaac Foulkes *Holl waith Barddonol Goronwy Owen* fel casgliad cyflawn. Yn 1890, ym mhapur newydd *Y Cymro*, cyhoeddwyd nofel *Enoc Huws* gan Daniel Owen fel cyfres wythnosol, ac yna yn 1893 un arall o glasuron ein hiaith, *Gwen Tomos*. Yn ychwanegol at y gwaith allweddol hwn cyhoeddodd *Llawysgrifau Iolo Morganwg*, ac yn 1899 gwaith Ceiriog *Athrylith John Ceiriog Hughes*. Gellir dadlau mai'r gwaith yma gan Ceiriog gyflwynodd farddoniaeth delynegol fodern i Gymry cyffredin y cyfnod am y tro cyntaf.

5 Cyn mynd yn ôl i Castle Street rhaid cerdded ymhellach i lawr Brunswick Street i chwilio am gerflun hollol unigryw. Wedi ichi basio heibio drws cefn yr India Buildings trowch i'r chwith ac i mewn i sgwâr bychan diarffordd. Dyma sgwâr Goree lle saif y **Piazza Fountain**, sef y 'Bucket Fountain' i bobl Lerpwl a grëwyd gan Richard Huws y peiriannydd pensaernïol o Fôn. Mae'r cerflun yn y broses o gael ei atgyweirio ar ddechrau 2024. Comisiynwyd Richard Huws i lunio'r cerflun yn 1962. Cymerodd bum mlynedd i'w gyflawni a dewis y lleoliad. Mae'r cerflun hwn wedi denu sylw ar draws y byd. Lluniwyd y cyfan o ddur di-staen ar ffurf bwcedi oedd yn defnyddio grym cinetig i symud dŵr o un bwced i'r llall. Cewch fidios ohono yn gweithio ar *YouTube*.

Bu farw Richard yn 1980 yn 78 mlwydd oed ar ôl treulio rhan fwyaf ei oes yn Lerpwl fel darlithydd byd-enwog o fewn adran bensaernïaeth beirianyddol y Brifysgol yn Abercrombie Square. Roedd yn aelod cynnar amlwg o Blaid Cymru ac ef a ddyluniodd fathodyn triban gwyrdd y Blaid. Bwriodd ei brentisiaeth fel peiriannydd ym Mhenbedw gyda Cammell Lairds. Newidiodd ei gyfenw o Hughes i Huws. Comisiynwyd ei waith ar draws y byd mor bell â Japan. Mae'n ffaith ryfeddol nad oes llawer o sylw wedi ei roi yng Nghymru i'w waith.

Dylid gwneud yn eglur yn y fan hon hefyd fod Richard ar y dechrau wedi gwrthod ymgymryd â'r gwaith o lunio'r ffynnon arloesol. Roedd Cyngor y ddinas am ei chomisiynu fel dathliad o ddyfodiad dŵr Tryweryn i'r boblogaeth. Cytunodd yn y diwedd i wneud y gwaith ar yr amod fod y cyfanwaith yn cael ei drin fel darn o gelf

Cerflun y Piazza Fountain gan Richard Huws

Enghraifft o bapur arian y banc yn Castle Street

ar ei ben ei hun. Yn eironig hefyd gwyddom mai dŵr o Lyn Fyrnwy sy'n llifo i'r bwcedi.

Fel sy'n gyffredin yn ninas Lerpwl mae datblygwyr wedi bod yn pwyso am symud lleoliad y 'Bucket Fountain' er mwyn cael datblygu'r sgwâr ond ar hyn o bryd mae'n ymddangos y bydd yn dal ei blwyf. Dadorchuddiwyd y Piazza yn 1967 ac yn 2020 cynhaliwyd cyfarfod cyhoeddus yma i ddathlu a choffáu bywyd a gwaith y peiriannydd unigryw o'r Talwrn.

6 Cerddwn yn ôl rŵan i fyny Brunswick Street yn ôl i Castle Street ac ymlaen hanner canllath i'r dde tuag at waelod y stryd a sefyll o flaen 62 Castle Street. Dyma leoliad hollbwysig yn hanes entrepreneuriaeth Gymreig.

Uwchben y drws mae arwydd urddasol y **'North and South Wales Bank'**. Tase'r

Y North and South Wales Bank

adeilad hwn yn gallu siarad mi fyddai ganddo benodau lu i'w hadrodd am hanes entrepreneuriaeth Cymry Lerpwl.

Heddiw mae'r banc urddasol yn lle gwych i oedi a blasu *cocktails* gorau Lerpwl, a gan ei fod yn adeilad rhestredig mae'r tu mewn a'r tu allan yn union yr un fath ag yr oedd pan agorwyd y banc gyntaf yn 1873. Bwriad gwreiddiol yr ymddiriedolwyr Cymreig a'i sefydlodd oedd ehangu'r banc a sefydlu canghennau ar draws Cymru. Un o'r prif sefydlwyr oedd Love Jones-Parry (un o linach teulu bonedd Madryn, Llanbedrog). Mewn mater o fisoedd roedd gan y banc wyth cangen yng Nghymru gan gynnwys Llanrwst, Wrecsam a Chaernarfon. Eu prif bwrpas oedd gwasanaethu ac ateb gofynion mwyngloddfeydd a pherchnogion pyllau glo. Gan fod llawer o gynnyrch y diwydiannau hyn yn dod i mewn ac allan o ddociau Lerpwl roedd y lleoliad yma ar waelod Castle Street yn ddelfrydol fel pencadlys i'r banc. Mewn mater o fisoedd denwyd cyfranddalwyr cyfoethog Cymreig o bob rhan o Gymru a Lerpwl (o blith y teuluoedd bonedd a pherchnogion busnesau) a chasglwyd £600,000, swm a fyddai'n cyfateb i sawl biliwn heddiw. Ymhen dim roedd prif gwmnïau llongau glannau Merswy hefyd yn bancio yn y 'North a Sowth' fel y'i gelwid ar lafar. Dros y degawdau tyfodd y banc a llyncu sawl banc llai. Yn 1907 unodd mewn partneriaeth gyda Banc y Midland ac arweiniodd hynny at gryn newid yng nghymeriad annibynnol a Chymreig y banc. O 1908 ymlaen doedd gan y banc ddim papurau arian ei hun (*bank notes*) ac o hynny ymlaen bu raid defnyddio arian Banc Lloegr. Erbyn 1990 roedd adeilad y 'North a Sowth' wedi troi'n westy a bar crand.

Y Martins Bank yn Water Street ar safle yr African House lle'r oedd pencadlys Alfred Lewis Jones

O Water Street at gerflun Alfred Lewis Jones ('Banana Jones') o flaen y Liver Building

Cerddwn yn ôl rŵan at Neuadd y Dre a throi i lawr y stryd sy'n cyfeirio tuag at y môr ac adeiladau yr enwog 'Three Graces' (sef adeilad y Liver Building, y Cunard a'r Provident). Dyma Water Street, stryd gymharol fer lle bu'r gŵr busnes byd-enwog Syr Alfred Lewis Jones (1845–1909) a'i gwmnïau llongau Elder Dempster a'r African Steamship yn allweddol yn ei hanes. Erbyn heddiw mae'r adeiladau oedd yn bencadlysoedd i nifer o'r cwmnïau llongau mawr wedi'u hail-ddatblygu, ond gallwch gerdded i lawr yr allt ac aros am ennyd o flaen yr adeiladau a theimlo'r wefr

Cerfluniad o gaethweision ar feini wal y banc

a'r prysurdeb a fu. Mae enwau'r adeiladau hefyd yn cyfleu hanes trefedigaethol y rhan yma o'r ddinas.

Rhif 6 Water Street oedd swyddfa ❼ wreiddiol y cwmni enfawr a brynwyd gan Alfred Lewis Jones. Un o bentref Llanedi, ger Caerfyrddin, oedd Alfred, ei fam yn ferch i reithor y plwyf, a'i dad yn perthyn i deulu amryddawn mewn meysydd cyhoeddus yn nhref Caerfyrddin. Yma ar lan y Ferswy yn bedair ar ddeg oed cafodd swydd fel 'gwas cabin' (*cabin boy*) ar un o longau Elder Dempster. Ychydig a wyddai neb ar y pryd y byddai ymhen deng mlynedd ar hugain yn berchennog ar yr holl gwmni, un o gwmnïau llongau masnach mwyaf y byd. Fel y tyfodd ei gwmni (Elder Dempster) roedd rhaid cael swyddfeydd newydd a chrandiach, ac yn rhif 20 Water Street yn 1906, yn agos at waelod y stryd ar yr ochr dde yr adeiladodd Alfred y Colonial House. Erbyn heddiw saif Martins Bank ar safle yr African House lle'r oedd pencadlys cynharaf busnes Alfred.

Gan ein bod ni bellach mor agos at y **Liver Building** mi gerddwn dros y ❽ briffordd brysur at **lan y Ferswy** a sefyll o flaen hwnnw (hen safle y Welsh Basin/doc y llongau Cymreig). Yma yn fy nghred bersonol i y saif y cerflun mwyaf, o ran maint, i'w godi erioed i goffáu unrhyw Gymro y tu allan i Gymru. Crëwyd y cerflun gan George Frampton. Yr hyn sy'n anodd ei gredu yw nad oes yna fawr ddim sylw wedi'i roi i **Alfred Lewis Jones** yng ❾ Nghymru. I adrodd ei stori'n llawn byddai angen cyfrol drwchus iawn. Erbyn ei farwolaeth yn 1909 roedd y byd gwleidyddol a rhyngwladol yn adnabod y bachgen o Lanedi fel 'The uncrowned King of West Africa', a hynny am iddo chwarae rhan amlwg yn hanes gwladychu gorllewin

Affrica (gan ganolbwyntio ar Nigeria a'r Congo a Gran Canaria). Erbyn heddiw dylid rhoi plac arall ar y cerflun i'n hatgoffa bod llongau cwmni Alfred yn rhan o stori erchyll caethwasiaeth. Wrth hwylio i wledydd gorllewin Affrica byddai'r llongau gwag yn aros yng Ngwlad Belg ac o dan gyfarwyddyd y Brenin Leopold II byddent yn cael eu llwytho â gefynnau ar gyfer y fasnach gaethwasiaeth.

O 1885 ymlaen doedd dim pall ar ei uchelgais. Canolbwyntiodd yn llwyr ar dwf ei fusnes. Roedd yn ddibriod a di-blant a phan fu farw yn 1909, merch ei chwaer gafodd y cyfrifoldeb o weithredu ei ewyllys. Roedd Alfred yn nhermau heddiw yn filiwnydd sawl gwaith drosodd, a threuliodd y cwmni cyfreithiol dros ugain mlynedd yn cael trefn ar ei ddymuniadau olaf. Rhannwyd ei holl arian rhwng dwsinau o achosion da a chafodd pob gweithiwr o fewn ei gwmni dysteb ariannol.

Rhwng 1880 a 1890 daeth y llongau ager (*steamships*) i reoli masnach y moroedd. Roedd Alfred wedi rhagweld y newid enfawr oedd ar droed a buddsoddodd yn helaeth yn y peirianwaith newydd. Wrth sefyll o flaen cerflun Alfred mae'n anodd peidio â meddwl am y Cymry a ymfudodd i Batagonia o'r Prince's Dock, ddau canllath i'r gogledd o'r cerflun hwn. Cymerodd teithwyr y *Mimosa* bum wythnos i gyrraedd pen eu taith, Puerto Madryn. Pymtheng mlynedd yn ddiweddarach roedd llongau ager Alfred yn cyflawni siwrneion yr un mor bell mewn mater o wyth niwrnod.

Roedd gweledigaeth Alfred yn un eang, nid yn unig ym maes ager, ond hefyd yn natblygiad anfon negeseuon brys. Gwelodd Alfred bwysigrwydd telegraff diwifr, a daeth Guglielmo Marconi i ymweld ag ef i Lerpwl. Roedd llongau Alfred ymhen dim yn gallu anfon negeseuon di-

Cerflun Alfred Lewis Jones (1910)

Ffrwythau o'r trofannau ar droed y cerflun

wifr ar draws y moroedd drwy donfeddi radio. Mae'n bwysig cofio hefyd bod William Preece o Gaernarfon wedi chwarae rhan yn y datblygiad yma a hynny drwy ei ymchwil i'r maes o fewn y G.P.O. (y Swyddfa Bost Gyffredinol).

Adeiladodd Alfred blasty iddo'i hun yn **Llanddulas, Plasty Pendyffryn,** ac yma roedd yn mwynhau yr ychydig amser hamdden a gâi. Roedd y cyswllt rheilffordd yn gwneud y daith yno yn un rhwydd a sydyn. Erbyn 1890 roedd ei ddylanwad rhyngwladol a'i gyswllt gyda gorllewin Affrica wedi sicrhau ei fod mewn safle digon cryf i sefydlu banc ariannol cyntaf y trefedigaethau yng ngorllewin Affrica, The Bank of British West Africa, a agorwyd yn swyddogol yn 1894. Prynodd ac ehangodd bwll glo Maesteg er mwyn cyflenwi ei longau gyda glo. Cyflogai dros fil o fwyngloddwyr, a byddai'r llongau o Lerpwl yn galw ym mhorthladd Port Talbot i gael eu cyflenwad glo ar gyfer cynhyrchu'r ager oedd ei angen i yrru'n ôl a blaen o gyfandir Affrica.

Yn ystod blynyddoedd olaf y bedwaredd ganrif ar bymtheg lledaenodd y Bank of British West Africa drwy holl drefedigaethau arfordir gorllewinol y cyfandir. Esblygodd i fod y banc mwyaf yn Affrica a hynny heddiw o dan yr enw First Bank. Mae'r First Bank a'i bencadlys yn Nigeria yn cael ei gydnabod fel prif fanc y cyfandir, ac fel un o fanciau mwyaf arloesol a chyfoethog y byd. Daeth Alfred yn ffigwr amlwg yn y byd gwleidyddol. Edrychai'r Winston Churchill ifanc arno fel arwr y byd trefedigaethol Prydeinig, a chynigiodd Joseph Chamberlain ('Ysgrifennydd y Trefedigaethau' ar y pryd) y dylai Alfred dderbyn teitl y KCMG a'i urddo'n farchog.

Un arall o wleidyddion amlwg y dydd a gyfarfu ag Alfred oedd Lloyd George. Cyfeiriodd y canghellor ifanc ato fel 'Cymro na ellir magu ei debyg iddo o fewn y genhedlaeth hon'. Derbyniodd anrhydeddau lu gan gynnwys cymrodoriaeth Coleg yr Iesu, Rhydychen, y coleg a gysylltir yn draddodiadol gyda llu o ysgolheigion Cymreig.

Porth eglwys Llanddulas a gododd Alfred Lewis Jones er cof am ei fam

Ond sut enillodd o'r ffugenw 'Banana Jones'? O'r holl lwyddiant a mentrau a gysylltir ag Alfred efallai ei bod hi'n deg dweud mai'r un mwyaf cofiadwy oedd dod â'r banana fel ffrwyth poblogaidd i Brydain ac Ewrop. Mae'n wir dweud fod y fanana wedi cyrraedd ar raddfa fechan ers peth amser, ond pan glywodd Alfred fod cwmni Fyffes yn Llundain yn dechrau mewnforio llawer mwy o fananas o Gran Canaria fe fachodd ar y cyfle i lenwi ei longau gyda'r ffrwyth. Yn 1901 daeth â llongau llawn bananas i Brydain o dan faner cwmni newydd o'r enw Elder and Fyffes. Byddai'r bananas yn cael eu cludo mewn troliau a berfâu a'u rhannu o gwmpas strydoedd Lerpwl. Ymhen dim o dro daeth y fanana yn un o brif ffrwythau gorllewin Ewrop.

Un o weithredoedd olaf Syr Alfred cyn iddo farw yn 59 mlwydd oed yn Rhagfyr 1909 oedd rhoi swm enfawr o arian i hyrwyddo'r **Liverpool School of Tropical Medicine**, sefydliad a grëwyd ganddo yn 1898. Hyd heddiw mae'r sefydliad ymchwil yma yn arloesi mewn afiechydon trofannol. Gellir dadlau mai arian cydwybod oedd cyfraniad Alfred. Gwyddai fod ei longau yn gyfrifol am gyflwyno clefydau fel malaria i Brydain. Daeth yr Ysgol Feddygaeth yn flaenllaw yn y frwydr i adnabod sut roedd malaria yn cael ei drawsgludo. Yma y profwyd rhan y mosgito yn lledaeniad y clefyd a bu'n allweddol yn y crwsâd i greu brechiad a meddyginiaethau i atal malaria. Mae adeilad y coleg nodedig hwn yn sefyll yn Pembroke Place yn agos at hen adeiladau gwreiddiol Prifysgol Lerpwl. Mae yna sawl teyrnged i Alfred o fewn muriau'r adeilad cynnar yma. Cymaint oedd gwaddol ariannol Alfred nes iddo drwy ei ewyllys dalu am godi Eglwys Anglicanaidd Springwood ac Ysbyty Garston a enwyd ar ei ôl yn 'Sir Alfred Jones Memorial Hospital'.

Mae'n werth nodi mai ar ben y cei yn yr ardal hon y cyfarfu William Roscoe, y bardd radical a'r ymgyrchydd enwog yn erbyn caethwasiaeth, gyda Dic Aberdaron am y tro cyntaf. Roedd y bardd wedi'i gyfareddu gan y llyfrau mewn sawl iaith oedd wedi'u stwffio i bob poced ganddo. Rhyfeddodd yn fwy fyth fod tramp o'r fath yn medru cynnal sgwrs gydag ef am ieithoedd hynafol. Yn 1822, cyhoeddodd William Roscoe gofiant Saesneg i Dic a rhoi lwfans ariannol iddo fel ei fod yn medru lletya mewn stafell ym Midgall Street am gyfnod. Gyda chefnogaeth noddwr o'r fath, cafodd Dic rywfaint o waelod i'w fywyd gan ei alluogi i gyhoeddi rhai llyfrau ar yr ieithoedd Lladin a Hebraeg. Ond mewn fawr o dro, roedd Dic yn trampio eto.

Dic Aberdaron yn 1823

Carreg fedd Dic Aberdaron ym mynwent Eglwys y Plwyf, Llanelwy

Symud ymlaen at Prince's Dock a Glanfa'r Mimosa ar hyd Chapel Street i'r Exchange Square

Ymlaen â ni rŵan oddi wrth gerflun Alfred a cherdded ar hyd glannau'r Ferswy i gyfeiriad y gogledd am bedwar canllath a

10 down at **garreg goffa'r** *Mimosa*. Gosodwyd y garreg gan Gymdeithas Cymry Lerpwl i goffáu a dathlu canrif a hanner o flynyddoedd ers pan fentrodd 153 o Gymry ar gwch hwylio i ddechrau bywyd newydd ym Mhatagonia. Llong fechan wedi'i chynllunio i gludo te oedd y *Mimosa*, ac fe gychwynnodd ar ei thaith ar 28ain Mai 1865 gan gyrraedd Puerto Madryn ddeufis yn ddiweddarach ar yr 28ain Gorffennaf.

Os ewch ar safle Wici *Mimosa* [llong]

cewch restr gyflawn o enwau'r ymfudwyr cynnar a lle roeddynt yn byw. Erbyn heddiw mae Puerto Madryn yn dref gyda phoblogaeth o 50,000. Datblygodd y mudiad dros ymfudo o dan ddylanwad Lewis Jones (o Gaernarfon yn wreiddiol) a ddaeth yn argraffwr yng Nghaergybi cyn symud i Lerpwl. Yn 1862, gyda chymorth Love Jones-Parry, perchennog stad Madryn ac Aelod Seneddol Sir Gaernarfon ar ôl etholiad 1868, llwyddodd Lewis Jones i wneud y syniad o 'ymfudo' yn un deniadol ymysg nifer o Gymry. Gyda chymorth pellach Michael D. Jones fe argyhoeddwyd cannoedd bod dyffryn Chubut (un o bedair talaith Patagonia) yn cynnig dyfodol disglair yn ogystal â photensial i greu gwladfa Gymreig annibynnol. Yn gyffredinol, mae'n deg dweud nad oedd Cymry amlwg Lerpwl (Gwilym Hiraethog yn eu mysg) yn gefnogol i'r syniad o hyrwyddo Gwladfa

Love Jones-Parry

Cofeb y Mimosa   *Prince's Dock heddiw*

Gymreig. Gŵr ifanc 25 mlwydd oed oedd Lewis Jones ar y pryd a chynhaliodd gyfarfod cyhoeddus yn yr hen Concert Hall, dafliad carreg o orsaf reilffordd Lime Street, i drafod ymfudo. Cyd-arweinydd Lewis Jones yn y cyfarfod hwnnw oedd Hugh Hughes, saer a llenor o Gaernarfon a adwaenid wrth yr enw Cadfan Gwynedd. Roedd disgynnydd iddo, y Parch. Nefydd Cadfan Hughes, ymhlith y dorf oedd yn coffáu'r *Mimosa* yn 2015 yma ar lan y Prince's Dock.

O garreg y *Mimosa* cerddwn at y bont gerdded sy'n croesi dros **Prince's Dock**, ac yna'n ôl heibio gwesty'r Malmaison a cherdded at ochr y briffordd brysur (y Strand). Yna cerdded dros y groesfan brysur i waelod Chapel Street. **Eglwys St Nicholas** yw'r eglwys hardd ar yr ochr dde.

Hon oedd eglwys y plwyf gyntaf Lerpwl. Mae stori Gymreig ynghlwm ag adeiladu tŵr godidog yr eglwys. Roedd Cymro o'r enw Lewis Pugh yn gurad ar Eglwys St Anne, Everton Road ac ef oedd yn cynnal y gwasanaethau eglwysig Cymraeg ar gyfer y Cymry oedd yn dod i'r dociau. Fis Chwefror 1810 ag yntau'n camu i mewn drwy'r cyntedd i gymryd y gwasanaeth, fe ddisgynnodd tŵr newydd yr eglwys. Arbedwyd ei fywyd o drwch blewyn. Lladdwyd 25 o'r gynulleidfa, 18 ohonynt yn blant.

Wrth gyrraedd pen allt Chapel Street, edrychwch i'r dde ac fe welwch fynedfa gul sy'n mynd â chi i mewn i un o sgwariau harddaf a mwyaf hanesyddol y ddinas. Dyma lle roedd ŷd a chotwm o'r dociau yn cael eu marchnata. Erbyn dechrau'r cyfnod Fictorianaidd roedd masnachwyr cotwm Lerpwl wedi dyrchafu eu hunain i fod ymysg prif ddynion busnes gogledd Lloegr. Dyma lle'r oedd teuluoedd ariannog cynnar Lerpwl yn arddangos eu cyfoeth, y Gladstones a'r Rathbones a'u tebyg. Un o'r cwmnïau llewyrchus hyn oedd Rushton and Johnson oedd â'i bencadlys yn yr **Exchange Square**.

O ganol y 60au ymlaen prif gyfranddaliwr y cwmni cotwm llwyddiannus yma oedd bachgen o Ddinas Mawddwy o'r enw Eliezer Pugh (1815–1903). O'r holl unigolion a wnaeth eu ffortiwn ymhlith Cymry Lerpwl gellir dweud bod Eliezer yn un o'r rhai mwyaf cyfoethog. O tua 1860 ymlaen rhoddodd dros £1,000 yn flynyddol i achosion crefyddol a chenhadol y ddinas. Bu'n gyfrannwr allweddol i achos Presbyteriaeth yng Nghymru yn ogystal ag i Brifysgol Cymru. Yn wir roedd yn un o lywodraethwyr cyntaf Prifysgol Aberystwyth, a chyfrannodd yn hael tuag at bryniant yr adeilad ger y lli. Erbyn 1887 roedd wedi prynu'r cyfan o gyfranddaliadau cwmni Rushton and Johnson. Penododd ei nai, James Mills, yn brif weithredwr y cwmni. Roedd gwraig Eliezer, sef Mary, yn un o deulu Millsiaid Llanidloes.

Roedd cyfraniad tawel a gwylaidd Eliezer Pugh i fywyd Cymry Lerpwl yn ddifesur. Roedd yn allweddol yn y gwaith o godi capel urddasol Chatham, a bu'n flaenor yno am dros 40 mlynedd. Saif y capel hwn fel eicon ymhlith adeiladau'r brifysgol bresennol, yn rhan o'r Ysgol Fusnes. Cawn gyfle i sôn eto amdano ef a'i wraig, Mary, pan gerddwn drwy fynwent Smithdown Road yn Toxteth, a phan awn heibio i'w gartref yn Falkner Street gerllaw'r hen Eglwys Gadeiriol.

Eglwys Sant Nicholas

Yr Exchange Square

Y Denbigh Castle

Hysbyseb Siop Hugh Evans a'i Feibion, Dale Street

O Neuadd y Dre ar hyd Dale Street tuag at Crosshall Street

Unwaith eto cychwynnwn gerdded **o flaen cyntedd Neuadd y Dre**, ond y tro yma cerddwn i gyfeiriad y gogledd-ddwyrain. Gellir dadlau mai ar y stryd yma y gwelir y mwyafrif o'r adeiladau hynny sydd wedi chwarae rhan amlwg yn natblygiad a gweinyddiad y ddinas. Yma y saif rhai o gyn brif fanciau a sefydliadau ariannol ac yswiriant Lerpwl, yn ogystal â phencadlys gweinyddol cyngor y ddinas, sef y Municipal Buildings (sydd i'w gweld ar ochr dde Dale Street wrth ichi gyrraedd tri chwarter ffordd ar hyd y stryd i gyfeiriad y gogledd-ddwyrain). Ond mae sawl agwedd ar fywyd Cymreig y ddinas hefyd wedi'i gynnal ar y stryd urddasol hon.

Ganllath i fyny'r stryd oddi wrth

Hugh Evans

York Hall, Stanley Road, sef y rhan bellaf i'r dde o'r adeilad

36

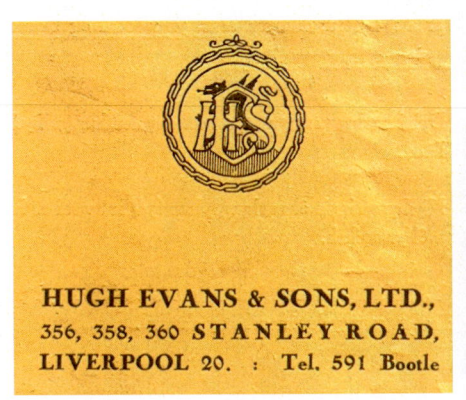

Argraffnod Gwasg y Brython ar eu catalog llyfrau Cymraeg yn y 1950au

YN EISIAU
GAN
WASG Y BRYTHON

fachgen yn hyddysg yn yr Iaith Gymraeg fel prentis i ddysgu'r grefft o argraffu. Telerau a chyfleusterau da.

HUGH EVANS A'I FEIBION, CYF. 350-360 Stanley Road, Liverpool 20.

Hysbyseb gan Wasg y Brython, 1950au

Dale Street

Neuadd y Dre deuwn at agoriad cul i mewn i stryd fer ar y chwith o'r enw **Hackins Hey**. Hanner canllath i fyny hon mae tafarn fechan ar y dde, sydd ar hyn o bryd yn dwyn yr enw **'The Denbigh Castle'**. Bellach gallaf ddweud mod i wedi cael aml i lymed yn y dafarn glyd yma. Sefwch tu allan i'r drws ffrynt ac fe welwch mai ffenest fawr lydan ar siâp bwa sydd ar ochr chwith y fynedfa i mewn i far y dafarn. Am flynyddoedd maith roedd y ffenestr yma'n arddangos cannoedd o lyfrau a chyfnodolion a llenyddiaeth Gymraeg o bob math. Y Denbigh Castle presennol yn rhif 8 a 9 Hackins Hey yw safle ac adeilad **hen siop Y Brython**. Yma yn ystod 50au yr ugeinfed ganrif y gwelwyd prysurdeb Cymreictod Lerpwl yn ei anterth. Yma y deuai Cymry'r ddinas i brynu cyhoeddiadau Cymreig y dydd, a hynny i siop y teulu oedd erbyn hyn yn nwylo meibion Hugh Evans, sef Howell a Meirion.

Roedd busnes Gwasg y Brython yn Stanley Road, Bootle wedi cychwyn yn 1896 pan brynodd y gŵr ifanc o Langwm (Hugh Evans 1854–1934) ei beiriant argraffu cyntaf. Dilynwyd y ddau fab gan Bronwen Evans ac Alun Evans. Llwyddwyd i gadw a chynnal y busnes tan 1977. Roedd y busnes argraffu yn cael ei gynnal yn 356/360 Stanley Road ac wrth gau y busnes fe werthwyd hawlfraint y cannoedd o gyhoeddiadau a argraffwyd yno i Wasg Gomer, Llandysul. Gellir dweud mai hon oedd un o'r ffenestri siop pwysicaf yn hanes llenyddiaeth Gymraeg fodern yr ugeinfed ganrif. Dros gyfnod o dri

Westminster Chambers

Y triongl cerfiedig uwch drws y Westminster Chambers

chwarter canrif cyhoeddwyd ac argraffwyd dros dri chant o gyfrolau a llyfrau drwy lafur teulu Hugh Evans. O ganlyniad i fomio Lerpwl yn ystod yr Ail Ryfel Byd symudwyd o 444 Stanley Road i adeilad 356 Stanley Road.

Ar eich ymweliad â Lerpwl mae hi'n werth yr ymdrech i ddreifio rhyw ddwy filltir ar hyd y ffordd honno i gyfeiriad Bootle gan fod adeiladau brics coch Y Brython yn dal i sefyll fwy neu lai yn union 'run fath ag yr oeddynt yn 1945. Mae Hugh Evans a'i briod Jane wedi'u claddu ym mynwent Kirkdale, ardal a adnabyddid ar un adeg fel Llangwm Bach gan Gymry'r ddinas. Mae'r garreg fedd o lechen Gymreig yn agos i'r clwstwr coed sydd reit ynghanol y fynwent. Mae safle Gwasg y Brython ar Stanley Road tua thair milltir i'r gogledd o Dale Street. Efallai y cewch gyfle i ymweld â'r mannau hynny rywdro eto.

Gadawn hen siop Y *Brython* yn Hackins Hey rŵan a cherddwn ymlaen ar hyd Dale Street heibio'r Municipal Buildings. Deuwn at y troad i'r dde i mewn i Crosshall Street. Yma ar gornel y stryd cewch hyd i adeilad rhwysgfawr a'i enw wedi'i osod yn y maen uwchben y prif ddrws sydd yn union ar y gornel sy'n cyfarfod hefo Dale Street. Dyma enw eithaf eironig ar adeilad sy'n nodedig am ei gyfraniad pwysig i hanes y Cymry yn Lerpwl ac yng ngogledd Cymru, sef y ⑮ **Westminster Chambers**. Wrth sefyll yn ôl a syllu arno fe welwch ei fod wedi meddiannu rhan helaeth o Crosshall Street ac yn agos at ganllath o hyd o un pen i'r llall. Mae'n cynnwys rhif 90 hyd at rif 98, Dale Street.

Mae dau Gymro unigryw yn gysylltiedig â hanes yr adeilad gwych hwn. **David Roberts,** yr adeiladwr o Landdoged ger Llanrwst, oedd ei berchennog cyntaf ac fe'i cododd yn 1889 fel pencadlys ar gyfer ei gwmni ef a'i fab, John Roberts. Penodwyd nifer o benseiri enwog yr oes i fynd o gylch y gwaith. Un o'r rhai amlycaf oedd Richard Owens, yn wreiddiol o Blas Bel, Y Ffôr. Cymerodd ran o'r adeilad ar gyfer ei gwmni pensaernïol ei hun ac oddi yma cynlluniwyd rhai cannoedd o gapeli anghydffurfiol Cymru. Cyfrifir **Richard Owens** hefyd fel un o brif benseiri hanes datblygiad dinas Lerpwl. Cynlluniwyd rhai miloedd o dai ganddo, ond cofir amdano heddiw'n bennaf am adeiladu'r strydoedd Cymreig yn Toxteth a enwyd ar ôl stadau bonedd gogledd Cymru, sef y 'Welsh Streets'. Cawn grwydro ar hyd y rhain yn y bennod nesaf.

Yn yr adrannau nesaf o'r daith hon o gwmpas Lerpwl cawn ymweld â beddi y ddau fentergarwr yma, David Roberts a Richard Owens (a ddefnyddiai'r cyfenw Owen yn wreiddiol). Mae hi'n ffaith ryfeddol na chafwyd eto fywgraffiad cyflawn o hanes Richard Owens. Gallwn draethu am oriau am eu gorchestion, ond am y tro cymerwn hoe i ystyried pwysigrwydd hanesyddol y ddau. Erbyn 1880 roedd cwmni David Roberts yn cyflogi ymhell dros fil o weithwyr ac roedd yn berchen ar bedair iard goed anferth. Roedd wedi dod i Lerpwl yn fachgen yn ei arddegau a chael gwaith gyda chwmni gwaith coed ar Duke Street. Ymhen rhai blynyddoedd dringodd

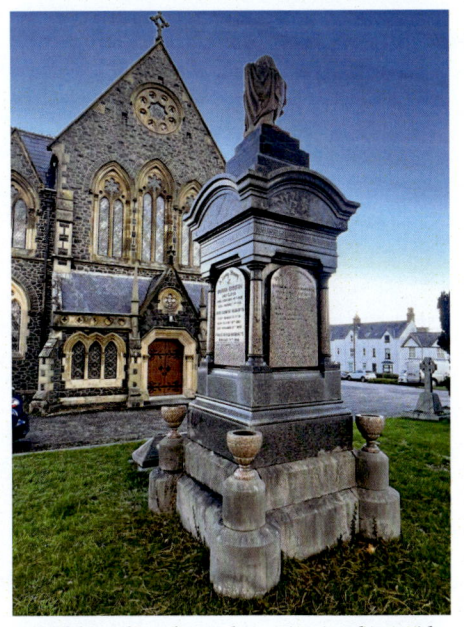

Cofeb teulu John Roberts AS (mab David Roberts), Capel Mynydd Seion, Abergele

i fod yn rheolwr y cwmni. Gwelodd bwysigrwydd a defnyddioldeb coed o America ar gyfer y diwydiant adeiladu yn y ddinas. Dechreuodd fewnforio mahogani o'r Unol Daleithiau a buan y lledaenodd poblogrwydd y coed hyn ymysg adeiladwyr gogledd Lloegr.

Roedd David Roberts a Richard Owens yn Bresbyteriaid twymgalon ac un o'r contractau cynnar gafodd y pensaer gan yr adeiladwr oedd cynllunio capel hardd Mynydd Seion yn Abergele. Cododd David Roberts a John Roberts ei fab blasty Bryngwenallt uwchben y dref ac yn ddiweddarach cododd ei fab, John Roberts, fu'n Aelod Seneddol dros Sir y Fflint a Wrecsam, blas Tan yr Allt yn yr ardal. Dilynodd nifer o ddynion busnes Lerpwl yr un trywydd; cododd Syr Alfred Lewis Jones ail gartref iddo'i hun yn Llanddulas, sef plas Pendyffryn, a phrynodd Owen Owens, y perchennog siop adrannol arloesol, blas Tan y Foel uwchben Penmaenmawr a hynny gan deulu'r Prif Weinidog Rhyddfrydol, William Gladstone. Roedd y rheilffordd newydd ar hyd yr arfordir yn cynnig hafan a dihangfa oddi wrth hwrli-bwrli glannau Merswy i deuluoedd y miliwnyddion busnes yma. Cyfrannodd pob un ohonynt yn hael tuag at achosion crefyddol a chymdeithasol y trefi glan môr a nodwyd. Gellir dweud bod David Roberts a'i deulu ymhlith y dyngarwyr mwyaf hael a welodd gogledd Cymru. Cawn wybod mwy am hynny pan gerddwn ardal Toxteth a heibio adfeilion hen gapel enwog y Welsh Cathedral ar Princes Road.

Mi allwch orffen y daith gyntaf yma ar Crosshall Street, ond os oes gennych amser ac awydd, yna cerddwch ymlaen i lawr yr allt, ar hyd Crosshall Street, heibio talcen y Westminster Chambers a throi i'r

Y 'Culture Quarter' a Neuadd St George yn y 1920au

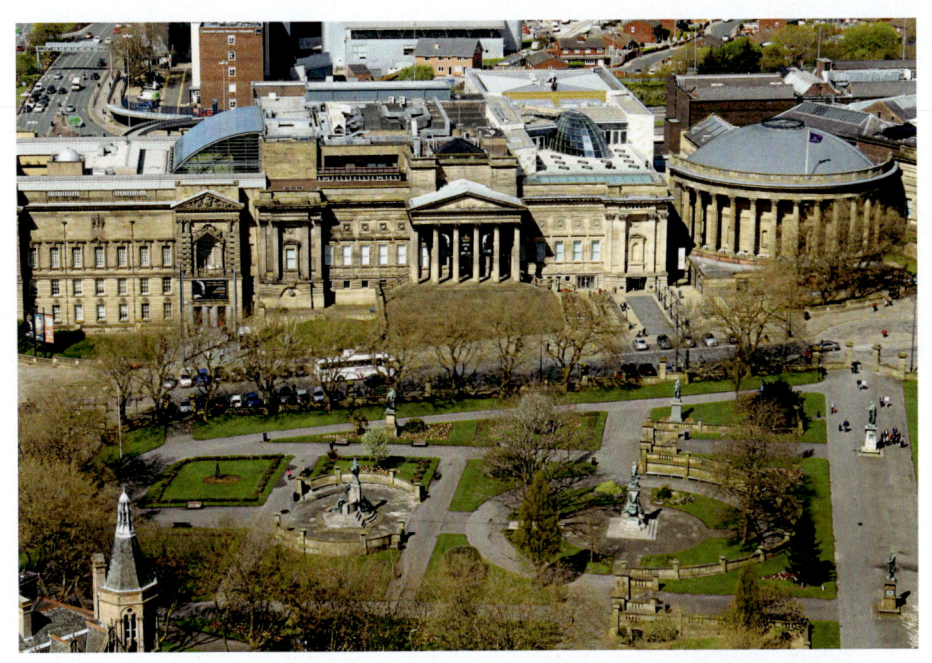

Yr Amgueddfa a'r Llyfrgell y tu ôl i St John's Garden a'i glwstwr o gerfluniau

chwith i lawr Victoria Street. Byddwch yn pasio heibio prif fynedfa yr enwog Shankly Hotel.

Os oes gennych ddiddordeb mewn pêl-droed a hanes cochion Anfield, yna ewch i mewn i gyntedd gwesty'r Shankly a gynlluniwyd ar thema hanes Liverpool FC. Mewn bocs gwydr ger y drws ffrynt mae llythyr olaf Bill Shankly at fwrdd rheoli'r clwb. Llythyr digon swta a ysgrifennwyd ganddo ym Mehefin 1974 yn cyflwyno ei ymddiswyddiad.

Cerddwch ymlaen i ben y stryd a chroeswch y ffordd brysur ar y croesiad swyddogol dros Whitechapel Street ac ymlaen i fyny'r allt lle mae parc bychan **(16) St John's Garden.** Tu ôl i'r parc mae adeilad eiconig Neuadd St George. Dyma un o'r adeiladau y bydd ymwelwyr tramor yn eu cysylltu gyntaf gyda'u hymweliad â'r ddinas.

Y cerflun enwog o'r Little Drummer Boy wrth droed cofeb y King's Regiment gan William Goscombe John

Y tu mewn i St George's Hall

Cerflun John Gibson o George Stephenson yn St George's Hall

Rydym rŵan am ganolbwyntio ar waith dau gerflunydd nodedig. Mae gwaith y cerflunydd cyntaf, William Goscombe John reit ynghanol y gerddi; mae'r ail gan John Gibson o Gonwy, i'w weld o fewn amgueddfa enwog y Walker Gallery sy'n sefyll ddau gan metr o'r fan hyn i'r gogledd-ddwyrain.

Yma yn St John's Garden mae un o weithiau enwocaf y cerflunydd byd-enwog o Dreganna, Caerdydd sef William Goscombe John. Dyma gerflunydd mwyaf cynhyrchiol holl hanes Cymru. Ymhlith ei waith mae cerfluniau o David Lloyd George ar Y Maes yng Nghaernarfon; Thomas Edward Ellis ar Stryd Fawr Y Bala; ac Evan a James James, awduron 'Hen Wlad fy Nhadau', ym Mharc Ynysangharad, Pontypridd.

Lluniwyd y 'gofeb grŵp' yma ('group monument') i nodi cyfraniad y King's

Regiment yn ystod Rhyfel De Affrica, 1905. Mae wedi'i llunio mewn carreg wen gyda mymryn o efydd i'w haddurno. Efallai mai'r nodwedd mwyaf teimladwy o'r holl gofeb yw'r 'Little Drummer Boy', sef cofeb i'r plentyn fyddai'n arwain y gatrawd i faes y gad. Roedd cannoedd o Gymry Lerpwl a gogledd Cymru yn aelodau o'r King's Regiment.

Cyn symud ymlaen heibio i Neuadd St George i gyfeiriad y Walker Gallery ewch heibio cerflun i goffáu William Gladstone, ac yn arbennig y cerflun gan George Frampton i goffáu William Rathbone. Cydnabyddir William Rathbone fel un o gyfranwyr pwysicaf hanes addysg Prifysgol yng Nghymru, ac un o brif sefydlwyr Coleg Prifysgol Bangor yn 1884. Bu hefyd yn Aelod Seneddol dros Arfon ac fe nodir hyn ar y cerflun. Bydd cyfle i ymweld â'i fedd yn Smithdown Road yn ystod y drydedd daith.

Oddi yma croeswch Stryd William Brown, sy'n nodedig am ei 'cherrig set', tuag at y Llyfrgell Ganolog ac yna i fyny'r **17** allt i'r chwith at y **Walker Gallery**. Cyfeirir yn aml at yr ardal yma fel ardal ddiwylliannol Lerpwl – 'Liverpool's Cultural Quarter'. Mae'r Walker Gallery yn haeddu diwrnod cyfan o ymweliad, ond ar gyfer ein pwrpas ni, byddwn yn canolbwyntio ar y galeri enfawr o drysorau marmor sydd ar y dde o'r cyntedd wrth ichi ddod i mewn trwy'r brif fynedfa. Dyma lle saif cerflun enwocaf y Cymro o'r Gyffin ger Conwy, sef John Gibson. Ynghanol yr ystafell arddangos mewn bocs gwydr fe saif cerflun marmor y 'Tinted Venus'. Mae'n gerflun arbennig iawn ac ymhlith y cerfluniau mwyaf nodedig luniwyd erioed gan unrhyw Gymro.

Symudodd John Gibson gyda'i deulu i Lerpwl yn 1799 pan oedd yn naw oed. Bwriad ei rieni, William a Jane Gibson, oedd ymfudo i Ogledd America ond penderfynwyd aros ac ymsefydlu ymhlith Cymry Lerpwl. Yn bedair ar ddeg oed aeth John yn brentis i gwmni o wneuthurwyr dodrefn yn y ddinas. Amlygodd ei ddawn fel arlunydd a cherflunydd a daeth i weithio mewn marmor. Gyda chefnogaeth

Y porth i Picton Hall yn y Llyfrgell

Un o ddigwyddiadau diwylliannol mawr y Cymry yn Lerpwl

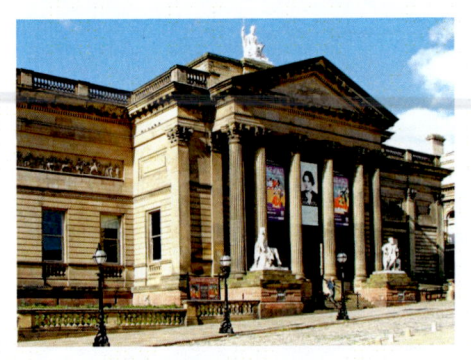

Walker Art Gallery

i'w weld yn St George's Hall gerllaw. Yn arddangosfa y 'Great Exhibition' yn 1862 daeth ei waith i sylw'r byd yn sgil dadorchuddio'r 'Tinted Venus'.

Bu farw yn Rhufain yn Ionawr 1866, ac yno yn y ddinas y'i claddwyd. Cyfrifir John Gibson ymhlith cerflunwyr clasurol enwocaf y byd ac mae'r plac coffa ar wal Tŷ Capel Fforddlas, Glan Conwy yn ein hatgoffa mai Cymro o Ddyffryn Conwy ydoedd.

teulu Sandbach, Hafodunos, Llangernyw llwyddodd i gael lle gyda cherflunwyr enwog Watson Taylor yn Llundain, cyn symud i Rufain a gweithio ymhlith cerflunwyr mwyaf yr oes, pobl fel Antonio Canova.

O'i stiwdio yn Rhufain lluniodd gerfluniau drudfawr o'r gwleidydd William Huskisson, y Frenhines Victoria a George Stephenson. Mae'r cerflun o Stephenson

William Roscoe a John Gibson

O Galan Mai 1807, roedd y fasnach gaethweision yn anghyfreithlon. Am dros ganrif cyn hynny, roedd y fasnach honno wedi dod â chyfoeth helaeth i rai o deuluoedd Lerpwl – gan gynnwys rhai teuluoedd o Gymru.

Masnachwr a banciwr yn y ddinas oedd

Yr ystafell gerfluniau, Oriel Gelf Walker

*Y Fenws gan John Gibson
yn y Walker Gallery*

Cofeb William Roscoe – gan John Gibson

William Roscoe. Roedd hefyd yn Undodwr ac yn un o'r rhai cyntaf i ymgyrchu'n frwd dros wahardd caethwasiaeth drwy gyhoeddi cerdd faith, 'The Wrongs of Africa' a chyfrol *A General View of the African Slave Trade* yn 1788. Bu'n Aelod Seneddol dros Lerpwl o 1806–07 a phleidleisodd o blaid y gwaharddiad, er bod llawer o gyfoethogion y ddinas yn ofni y byddai'n ergyd drom i'w gwahanol fusnesau.

Mae cysgod oer hanes caethwasiaeth i'w weld a'i deimlo ar bob taith o amgylch Lerpwl o hyd, gyda llawer o gofebau i rai oedd yn ymwneud â'r fasnach annynol honno a strydoedd wedi'u henwi ar eu hôl yn ogystal. Ond mae cofebau i William Roscoe hefyd – un ohonynt gan y cerflunydd o Gymru, John Gibson. Mae'r penddelw hwnnw i'w weld yn Eglwys Undodaidd Ullet Road. Priododd William Roscoe â Jane Griffies, o dras Gymreig. Roedd William Griffies, ei thad, yn frethynnwr lliain. Mae portreadau mawr o William a Jane yn y Walker Art Gallery. Un cysylltiad Cymreig arall – yn 1822, fel y clywsom, cyhoeddodd William Roscoe fywgraffiad Saesneg ar hanes y crwydryn a'r ieithydd hynod, Dic Aberdaron.

Map of Liverpool (Lerpwl)

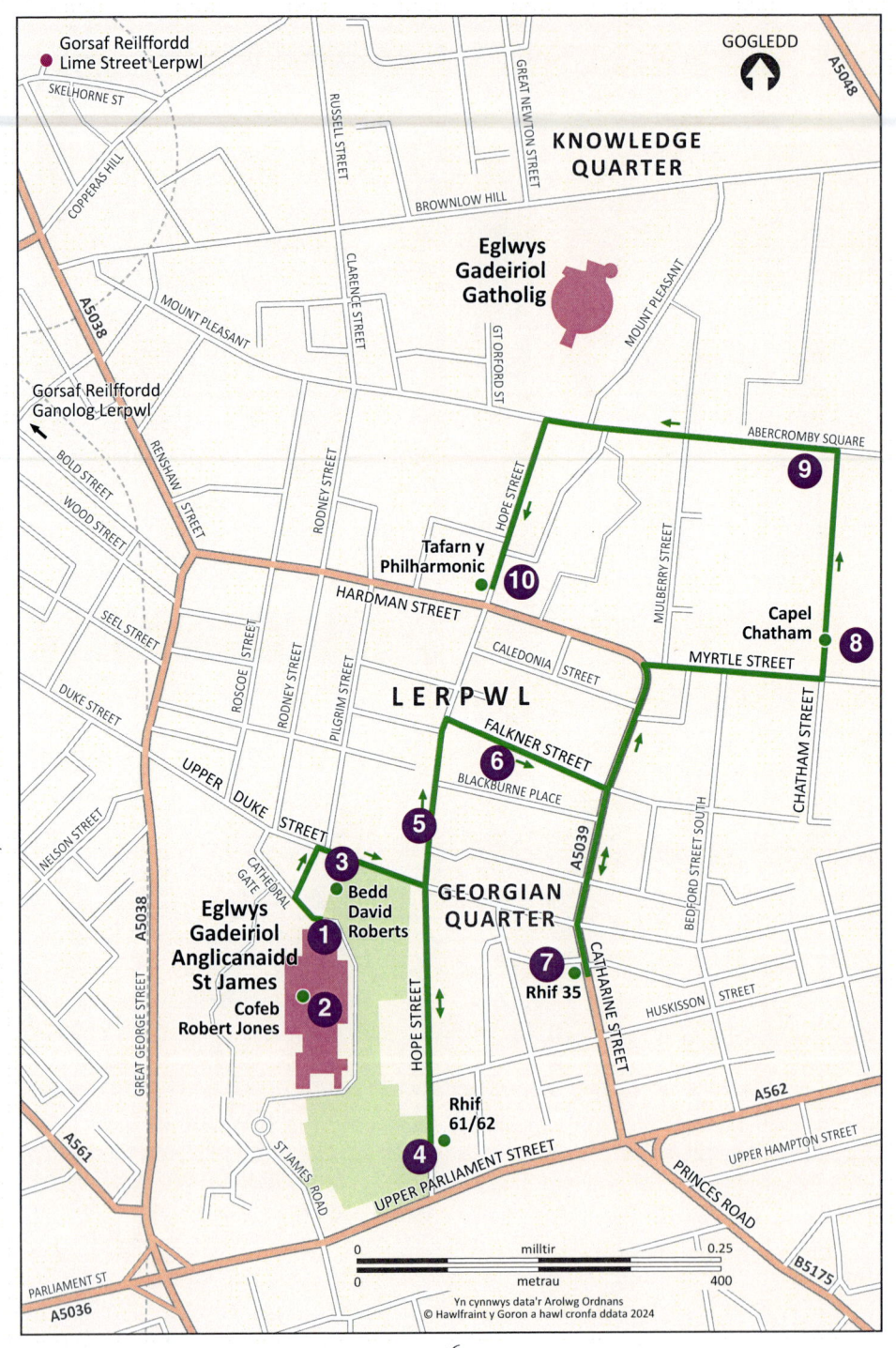

GOGLEDD ↑

- Gorsaf Reilffordd Lime Street Lerpwl
- Gorsaf Reilffordd Ganolog Lerpwl

KNOWLEDGE QUARTER

Eglwys Gadeiriol Gatholig

Tafarn y Philharmonic — 10

9 — Abercromby Square

8 — Capel Chatham (Myrtle Street / Chatham Street)

LERPWL

6 — Falkner Street / Blackburne Place

5

7 — Rhif 35 (Catharine Street)

GEORGIAN QUARTER

3 — Bedd David Roberts

1 — Eglwys Gadeiriol Anglicanaidd St James

2 — Cofeb Robert Jones

4 — Rhif 61/62 (Upper Parliament Street)

Streets: Skelhorne St, Copperas Hill, Russell Street, Great Newton Street, Brownlow Hill, Mount Pleasant, Clarence Street, Gt Orford St, Bold Street, Wood Street, Renshaw Street, Rodney Street, Hope Street, Mulberry Street, Hardman Street, Seel Street, Roscoe Street, Pilgrim Street, Caledonia Street, Duke Street, Upper Duke Street, Cathedral Gate, Nelson Street, Great George Street, Hope Street, Blackburne Place, Bedford Street South, Catharine Street, Huskisson Street, St James Road, Upper Parliament Street, Upper Hampton Street, Princes Road, Parliament St

Roads: A5048, A5038, A5036, A5039, A561, A562, B5175

0 — 0.25 milltir
0 — 400 metrau

Yn cynnwys data'r Arolwg Ordnans
© Hawlfraint y Goron a hawl cronfa ddata 2024

46

Yr Ail Daith

Canol y ddinas a'r ardal Sioraidd i'r gorllewin a'r gogledd o Hope Street, Catharine Street, Falkner Street, Chatham Street ac yn ôl i dafarn y Philharmonic.

Mae ein hail gylchdaith yn cychwyn o flaen giatiau mynedfa'r **Eglwys Gadeiriol Anglicanaidd**. Mae Maes Parcio'r eglwys hefyd yn lle addas i adael car am ddiwrnod ac yn gyfleus o safbwynt dewis gwesty neu fan aros yn ardal Sioraidd y ddinas, sef y strydoedd urddasol hynny a godwyd yn ystod y bedwaredd ganrif ar bymtheg.

Eglwys Gadeiriol St James yw eglwys gadeiriol fwyaf Prydain ac fe'i hadeiladwyd ar droad yr ugeinfed ganrif. Caiff strydoedd yr ardal i'r gogledd ac i'r gorllewin o'r eglwys eu cyfrif ymhlith rhai o strydoedd mwyaf urddasol a gosgeiddig Prydain, ac mae cyswllt y Cymry yn eu hanes a'u datblygiad yn un hollbwysig.

Dechreuwn drwy ymweld â **maen coffa Syr Robert Jones** sy'n gorwedd o fewn mur yng nghanolbwynt mewnol yr eglwys. Prin yw'r sawl sy'n derbyn yr anrhydedd o gael ei lwch wedi ei gladdu mewn Eglwys Gadeiriol ond ys dywed y dysteb 'in view of the great services rendered by him to humanity at large' fe

Eglwys Gadeiriol St James

Robert Jones   *Maen coffa Robert Jones*

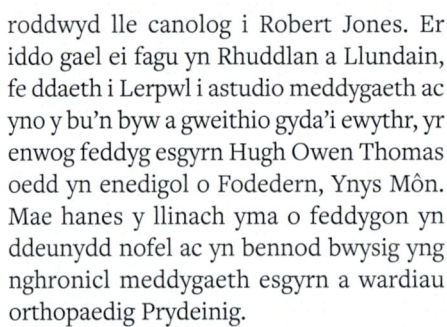

roddwyd lle canolog i Robert Jones. Er iddo gael ei fagu yn Rhuddlan a Llundain, fe ddaeth i Lerpwl i astudio meddygaeth ac yno y bu'n byw a gweithio gyda'i ewythr, yr enwog feddyg esgyrn Hugh Owen Thomas oedd yn enedigol o Fodedern, Ynys Môn. Mae hanes y llinach yma o feddygon yn ddeunydd nofel ac yn bennod bwysig yng nghronicl meddygaeth esgyrn a wardiau orthopaedig Prydeinig.

Roedd ei ewythr H. O. Thomas eisoes wedi ennill parch dinas Lerpwl a'r ardaloedd cylchynol fel arbenigwr llawfeddygaeth esgyrn. Daeth Robert yn brif lawfeddyg cwmni'r Manchester Ship Canal ac oddi yno daeth yn brif lawfeddyg Ysbyty y Royal Southern. Cynyddodd ei ddylanwad ac arweiniodd hyn yn y pendraw i ddatblygu ysbytai orthopaedig cyntaf Lloegr.

O grynhoi amcanion ei brif waith gellir dweud mai achub coesau a breichiau oedd y prif nod a gwneud hynny yn y gobaith o allu dychwelyd rhyw fath o normalrwydd i fywyd y sawl oedd wedi ei glwyfo. Gyda dyfodiad y Rhyfel Mawr a brwydrau'r Somme daeth gwaith Robert Jones i sylw'r holl fyd. Datblygodd a moderneiddiodd y Thomas Splint enwog roedd ei ewythr H. O. Thomas wedi ei greu. Sefydlwyd Ysbyty Filwrol Alder Hey ac ynddi 400 o welyau ar gyfer milwyr clwyfedig a threfnwyd ysbytai cyffelyb ar sail y model yma ar hyd a lled y wlad.

Cyhoeddodd Robert Jones lyfrau ar gyfer llawfeddygaeth filwrol er mwyn bod o gymorth i'r catrodau oedd ar faes y gad. Lluniodd y 'Thomas Caliper' (fe welir y rhain yn cael eu harddangos mewn ffilmiau Rhyfel enwog fel '1917'). Anrhydeddwyd Robert Jones gyda'r teitl 'Major General', ond heddychwr ydoedd wrth natur. Cyn diwedd ei oes roedd wedi ei anrhydeddu gan Brifysgol Cymru a sawl corff cyhoeddus arall. Ymroddai i'r diwylliant

Cymraeg ac roedd yn un o hoelion wyth Eisteddfod Genedlaethol Lerpwl yn 1929 lle cyflwynodd araith y llywydd dros ddyfodol yr iaith a heddwch y byd.

Yn 2018 dadorchuddiwyd cerflun enfawr o Syr Robert gan y tywysog William ar achlysur agoriad y Ganolfan Ail-addasu newydd (Rehabilitation Centre) a godwyd yn Stanford Hall, Nottingham. Sefydliad sy'n darparu ar gyfer aelodau o'r lluoedd arfog sydd wedi eu clwyfo mewn rhyfel yw hwn. Cyfrifir Robert Jones yn un o arwyr mwyaf hanes meddygaeth orthopaedig. Gŵr gwylaidd a dirodres ydoedd ac efallai bod yna eironi yn y ffaith iddo gael ei goffáu mewn lifrai rhyfel yn y cerflun hwn. Tybed yn wir beth fyddai ei farn am arddull y cerflun yn Stanford Hall?

Cerddwn o'r eglwys i mewn i'r fynwent drwy dwnnel byr sy'n arwain i lawr yr allt i mewn i'r gerddi agored lle safai chwarel St James cyn codi'r Eglwys Gadeiriol. Fel mae'r llwybr troed yn cyrraedd y fynwent, trowch yn union i'r chwith ac anelwch at y graig sy'n eich wynebu 30 llathen o'ch blaen. Yma ymhlith y beddfeini fe gewch hyd i **garreg fedd David Roberts,** ❸ Llanrwst a'i deulu. Yma y gorwedd gweddillion yr adeiladwr nodedig a Jane ei wraig a naw o'u plant a fu farw yn ystod eu plentyndod cynnar. Mae David Roberts a'i fab a'u teuluoedd wedi dod yn gryn arwyr i mi wrth i mi ddysgu a thyrchu

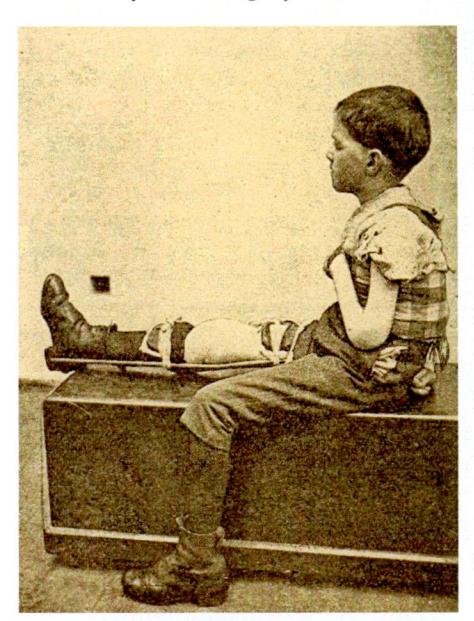

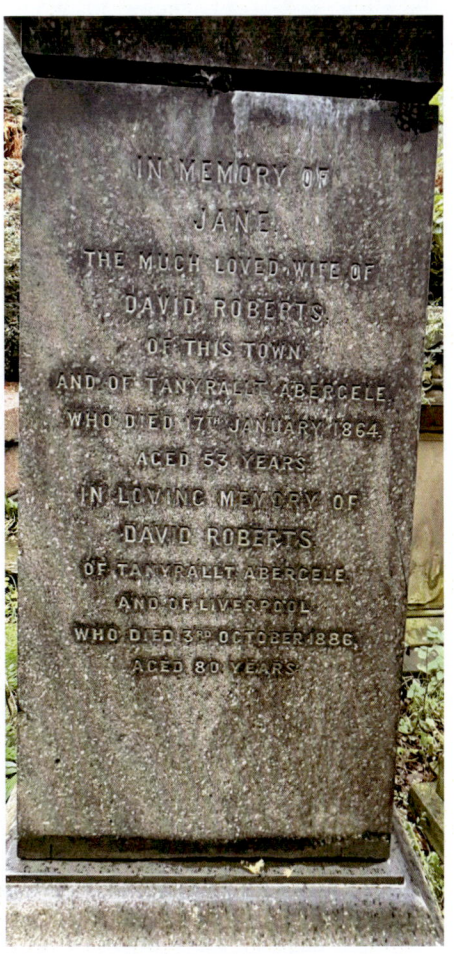

Bachgen yn gwisgo splint Robert Jones

Carreg fedd David Roberts

gwybodaeth am eu hanes. Pan ddeuthum i ddeall ei fod ef a Jane wedi colli naw o blantos tra'r oeddynt yn byw yn Lerpwl, rhywsut, mae ei yrfa yn fwy rhyfeddol fyth. Mewn oes o gynnydd ac ennill cyfoeth, all dyn ddim gwir ddeall maint y gwewyr y byddai Jane a David wedi ei wynebu fel roedd y busnes yn cynyddu ac enw da David Roberts & Co. yn lledaenu dros lannau Merswy.

Mae effaith gwaith David Roberts a'i fab, John Roberts (a ddaeth yn Aelod Seneddol dros Fflint o 1878-1892) yn anfesuradwy. Buont yn allweddol yn hanes datblygiad cannoedd o strydoedd Lerpwl yn ogystal ag ym myd diwylliant, crefydd a gwleidyddiaeth Gymreig. Gadawodd David ei gartref yn y Ffynnon Newydd, Llanddoged ger Llanrwst a chael gwaith gyda chwmni o seiri coed ar Duke Street pan oedd yn ddwy ar bymtheg oed. Erbyn hynny roedd wedi cael tröedigaeth o dan ddylanwad Methodistiaeth ac fe ymroddodd am weddill ei oes i hyrwyddo achos Presbyteriaeth Gymreig yn Lerpwl. Wrth i'w fusnes dyfu daeth i gyflogi cannoedd ar gannoedd o seiri ac adeiladwyr ac yn 61 a 62 Hope Street cododd gartref urddasol iddo ef a'i deulu.

Wrth edrych i fyny tuag at Hope Street o fangre ei feddfaen gellir gweld ffenestri llofftydd ei gartref. Yn y tŷ hwnnw ganed ei blant a'i fab John Roberts, yr Aelod Seneddol, yn ogystal â John Herbert Roberts, ei fab yntau. Bu John Herbert fyw o 1863 tan 1955 a threuliodd hwnnw ei fywyd yn hyrwyddo achosion da ac achos y Genhadaeth Dramor Gymreig. Gellir dadlau mai arian ac elw busnes David Roberts a roddodd y gallu i genhadon Cymreig fentro i Fryniau Kasia ac i wledydd tlawd y dwyrain pell.

Mae John Roberts, mab David Roberts, wedi ei gladdu ym mynwent Mynydd Seion, Abergele. Os byddwch yn pasio tref Abergele rhywdro mae'n werth neilltuo chwarter awr i ymweld â'r capel a'r fynwent. Saif y feddfaen deuluol o flaen prif fynedfa'r capel. Bu John Roberts farw yn 59 mlwydd oed ac ef oedd yn gyfrifol am greu y Ddeddf Cau Tafarnau ar y Sul yng Nghymru yn 1881 a fu mor ddylanwadol am dros dri chwarter canrif. Ymroddodd y tair cenhedlaeth o Robertsiaid yn ddiflino er mwyn hyrwyddo achosion elusennol a chrefyddol yn ardal Abergele. Adeiladwyd dau blasty hardd Tan yr Allt a Bryngwenallt uwchben y dref. Y cyntaf ar gyfer David a'r ail ar gyfer John ei fab.

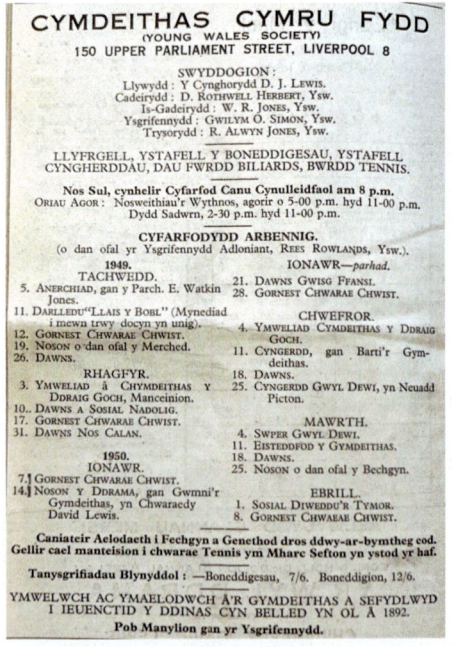

Rhaglen Cymdeithas Cymru Fydd, a gynhelid yn 150 Upper Parliament Street, y stryd lle ganwyd y mudiad hwnnw ac mae i'w gweld yn weddol agos at ben uchaf Hope Street.

④ Cerddwn ymlaen o fynedfa yr Eglwys Gadeiriol i fyny allt Upper Duke Street a throi i'r dde ar hyd Hope Street i gyfeiriad y de tuag at ben y stryd yn agos i lle mae'r stryd yn ymuno ag Upper Parliament Street. Safwn am eiliad o flaen **61 a 62 Hope Street** lle bu tair cenhedlaeth o'r Robertsiaid byw (tra'n treulio llawer o amser hefyd yn eu plastai yn Abergele). Rhyfedd yw dychmygu tair cenhedlaeth o gymeriadau mor Gymreig (yn ymhyfrydu yn nhafodiaith Dyffryn Conwy) yn rheoli busnes mor fawr ynghanol Dinas Lerpwl. Ni ellir ond dychmygu y sgyrsiau a fyddai'n cymryd lle ynglŷn â phris y farchnad goed o Dde America a hynny ochr yn ochr â thrafod amcanion blaenoriaid a gweinidogion capeli Cymraeg y ddinas. Yn arbennig felly capeli enwog Bedford Street, Chatham Street a Princes Road. Mae'r ddau

61 a 62 Hope Street

Golygfa o rai o strydoedd Sioraidd Lerpwl

olaf yn dal i sefyll heddiw ond mewn cyflwr eithaf gwahanol i'w gilydd fel ag y cawn weld pan gyrhaeddwn Chatham Street a Princes Road cyn diwedd y bennod yma.

O 61 Hope Street tua'r gogledd drwy'r strydoedd Sioraidd

Yn ôl rŵan ar hyd Hope Street i gyfeiriad y gogledd ac anelu tuag at Eglwys Paddy's Wigwam fel y gelwir yr Eglwys Gadeiriol Gatholig (Y Metropolitan). Hope Street yng ngolwg llawer o frodorion Lerpwl yw stryd fwyaf trawiadol y ddinas. Ar y chwith wrth gerdded ymlaen deuwn at Goleg Lipa – Liverpool Institute of Performing Arts, ac wrth gwrs cyfuniad o enw LI(nda) a PA(ul). Drws nesaf iddo ceir **Coleg Celf Lerpwl**. Dyma'r lle y bu John Lennon yn

Frank Green

Coleg Celf Lerpwl lle'r astudiodd Frank Green a John Lennon

fyfyriwr a dyma'r Coleg lle astudiodd Frank Green, yr artist Sgowsaidd a ddysgodd Gymraeg. Treuliodd Frank ei fywyd hanner a hanner rhwng ei siop ar Oakfield Road ger maes pêl-droed Anfield, a'i gartref teuluol Cymreig ym Mhontrug, Caernarfon. Bu Frank yn wyneb cyfarwydd ar hyd strydoedd y ddinas ers degawdau a threuliodd oriau meithion gyda'i fwrdd a'i frwsh yn cofnodi adeiladau a strydoedd ar ganfas. Go brin fod unrhyw Sgowsar wedi teimlo mor dwymgalon dros fro ei fagwraeth. Tra'n chwilio am ei siop ar Oakfield Road rai blynyddoedd yn ôl mi ofynnais i nrws rhyw siop farbwr lle'r oedd siop Frank Green. Pan ddeallodd y barbwr mod i'n Gymro mi gefais hanner awr o straeon am bobl oedd â chyswllt Cymreig o gwmpas Anfield. Roedd y barbwr wedi torri gwallt Frank ers bron i hanner canrif!

Falkner Street

Ymlaen â ni heibio'r cerflun modern o gesys dillad rhai o enwogion Lerpwl a chyn bo hir ymhen can metr fe welir **Falkner Street** yn troi i fyny'r allt i'r dde. Dyma gartref Eliezer Pugh y masnachwr cotwm cyfoethog a'i wreiddiau yn Ninas Mawddwy a Dolgellau. Trigai gyda'i wraig Mary yn rhif 16. Dyma un o'r strydoedd uchaf eu statws yn ardal Sioraidd y ddinas. Roedd Mary yn un o'r Millsiaid o ardal Llanidloes. Trueni nad oes yna lawer wedi ei sgwennu amdani a hithau mor allweddol yn hanes datblygiad yr achos cenhadol yn Lerpwl a ddechreuodd yn Kent Street.

O'r cartref yma ymroddodd y ddau i hybu elusennau yn Lerpwl a Chymru. Daeth Eliezer yn un o lywodraethwyr cyntaf Prifysgol Aberystwyth yn 1872 a chyfrannodd symiau o filoedd o bunnoedd tuag at adeilad y Coleg ger y Lli.

Mae Falkner Street yn gorffwys yn agos i safleoedd tri o'r capeli Cymraeg y bu Eliezer yn weithgar ynddynt, sef capeli Mulberry Street, Bedford Street a Chatham Street. Mae adeilad rhodresgar Capel Chatham Street yn dal i sefyll a hynny rhyw filltir i'r gogledd o rif 16 Falkner Street. Fe anelwn i'r cyfeiriad hwnnw rŵan. Yn y capel hwnnw yn 1903 y cynhaliwyd ei angladd. Yn ei dysteb iddo cyfeiriodd y Parch. William Jones ato fel 'llaw yr Eglwys hon'.

Gŵr busnes a hoffai aros yn y cysgodion oedd Eliezer. Pan ddeuai gweinidogion i'w gartref yn Falkner Street byddai ef a'i wraig yn mynd â nhw ar ôl cinio i'r parlwr i ganu'r emyn 'Diolchaf fi â chalon rwydd'. Cynhaliwyd y gwasanaeth angladdol yn y fynwent ar lan y bedd yn Smithdown Road o dan arweiniad y Parch. Griffith Ellis, Bootle – un o weinidogion pwysicaf hanes Cymry'r ddinas, sef gweinidog capel Stanley Road. Cawn gerdded mynwent Smithdown yn y bennod nesaf.

Wrth grynhoi gwaith Eliezer Pugh

16 Falkner Street

gellir dadlau fod ei waith yn allweddol i greu sylfaen ariannol i'r Eglwys Bresbyteraidd yng Nghymru. Gadawodd 16 Falkner Street yn ei gyfanrwydd fel swyddfa ar gyfer defnydd y Genhadaeth Dramor. Parhaodd yn bencadlys ar gyfer y gwaith hwnnw tan 1969 pan symudwyd y weinyddiaeth i'r ganolfan yng Nghaerdydd. Gellir cyfrif unigolion fel Eliezer Pugh i fod ymhlith hoelion wyth yr hyn a adnabyddir yng Nghymru fel yr Hen Gorff, a heb ei waith ef a Mary fel philanthropyddion mae'n amheus a fyddai'r cenhadon Cymreig wedi mynd o gwbwl i'r Dwyrain Pell. Trafodaeth ar gyfer rhywdro eto yw a ddylai cenhadon fod wedi'u hanfon i'r gwledydd hyn yn y lle cyntaf.

Ymlaen â ni i ben uchaf Falkner Street. Cerddwn heibio rhif 36, cartref John Lennon a Cynthia (ei wraig gyntaf) am gyfnod a chyrhaeddwn Catharine Street. Syllwch lawr i'r dde ac fe welwch dai gosgeiddig rhes o dai Sioraidd ysblennydd. Dyma un o greadigaethau mwyaf mentrus adeiladwyr Cymreig Lerpwl. William Jones oedd yr adeiladwr a'u creodd. Saer coed ifanc a fagwyd yn Nhy'n Graig, Cefn Brith (rhwng pentref Cerrigydrudion a Glasfryn ym mro Uwchaled) oedd y gŵr a fu'n gyfrifol am adeiladu'r stryd gyfan.

Mam William Jones oedd Catharine Jones. Daeth hi i Lerpwl i fyw at ei mab yn ei henaint. Dychmygwch ddynes uniaith o Uwchaled yn symud o dyddyn mynyddig tlawd i fyw hefo'i mab oedd bellach yn filiwnydd ac yn cymysgu gyda mawrion ariannog y Bresbyteriaeth Gymreig yn Lerpwl.

Mae stori bywyd William Jones, Ty'n y Graig yn nodweddiadol o hanes cannoedd o adeiladwyr Cymreig Lerpwl. Dechreuodd weithio fel saer coed yn ardal Uwchaled ac un o'i orchestion cynharaf yno oedd saernïo ffenestri sash ar gyfer gwesty'r Ceirnioge Mawr sydd ar yr A5 ger Pentrefoelas. Symudodd fel llawer o lanciau Sir Ddinbych i chwilio am yr enfys liwgar ar lannau Merswy. Ymhen dim roedd ganddo gwmni mawr a phan fu farw yn 1876 yn 88 mlwydd oed roedd yn werth ffortiwn. Cymaint oedd y parch ato nes iddo yntau fel David Roberts, Llanrwst gael ei gladdu ym mynwent Eglwys Gadeiriol St James. Nid anghofiodd ei wreiddiau a chyfrannodd at ailadeiladu

Eglwys Cerrigydrudion a thalodd am godi Ysgol Ty'n Rhyd yn y pentref hwnnw.

Wedi inni werthfawrogi campwaith pensaernïol **❼ Catharine Street** trown yn ôl oddi wrth gartref William Jones, Ty'n y Graig a rhif 35 Catharine Street tuag at gyfeiriad y gogledd ar hyd y stryd a cherddwn tua 400 metr tuag at y troad i'r dde i mewn i Myrtle Street. Ar y troad yma safai Ysbyty Plant Myrtle Street tan 1948 cyn iddo ddod yn rhan o Ysbyty Alder Hey. Yma bu sawl cenhedlaeth o nyrsys Cymraeg o ogledd Cymru yn gweithio. Awn ymlaen ddau ganllath, o'r troad tuag at y gogledd, a down i ardal ganolog Prifysgol Lerpwl. Mae Chatham Street yn croesi ar draws Myrtle Street. Trowch i mewn i'r chwith tuag at ganol adeiladau'r Brifysgol ac o fewn dau ganllath ar yr ochr dde fe gewch gofadail byw i hanes anghydffurfiaeth Gymreig y ddinas. Dyma gapel gwych **❽ Chatham Street.**

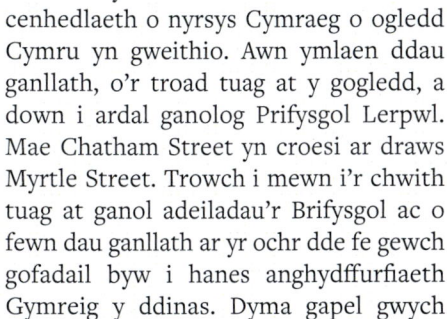

Agorwyd capel urddasol Chatham Street yn 1860 ac o hynny tan 1869 y pregethwr a'r diwinydd enwog Henry Rees oedd y gweinidog. Dilynwyd ef gan W. Owen Jones o Chwilog a bu ei

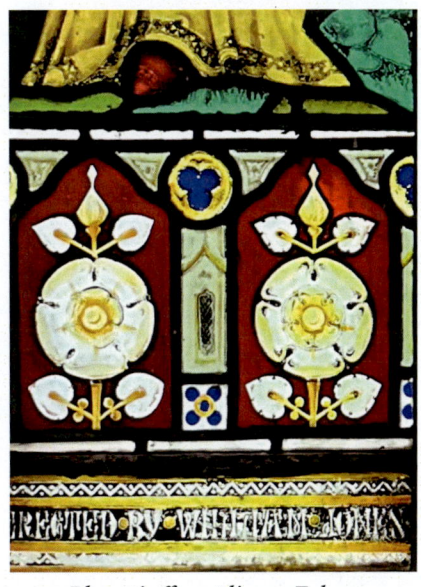

35 Catharine Street

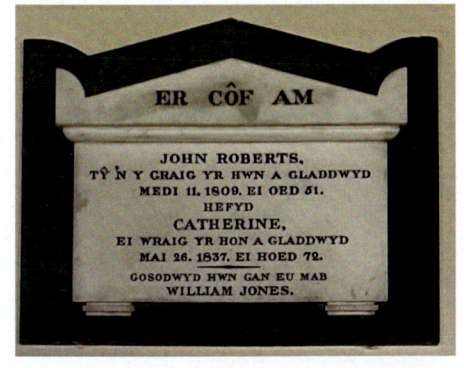

Y plac coffa yn Eglwys Cerrigydrudion

Rhan o'r ffenest liw yn Eglwys Cerrigydrudion a gyfranwyd gan William Jones er cof am Catherine, ei fam

Hen Gapel Chatham Street

weinidogaeth yntau mewn sawl ystyr yr un mor lliwgar a llawn digwyddiadau.

Ni ellir ond dychmygu'r bwrlwm cymdeithasol oedd yn digwydd o gwmpas y cyfarfodydd a'r Ysgol Sul a drefnwyd o fewn muriau'r capel prysur hwn. Yn ei anterth roedd dros fil o aelodau yma a'r rhan fwyaf yn mynychu'n selog ar y Sul. Bu sawl cymeriad pwysig yn aelodau amlwg o Gapel Chatham gan gynnwys Eliezer Pugh, Nathaniel Bebb a'r argraffydd Isaac Foulkes.

Gwnaeth llawer ohonynt gyfraniad pwysig i hanes Cymru yn y bedwaredd ganrif ar bymtheg. Cyn ymadael â Chatham Street efallai mai gweddus croniclo fymryn ar hanes y ddau weinidog fu'n arwain y capel o 1860 tan 1920.

Brawd hynaf Gwilym Hiraethog oedd Henry Rees a ganed y ddau yn Chwibren Isaf, Llansannan. Tra'n ymweld â Bala yn 16 mlwydd oed i gasglu *Geiriadur Ysgrythurol* Thomas Charles fe gyfarfu â dau Fethodist oedd i roi cychwyniad ar ei yrfa fel diwinydd, sef John Elias a Thomas Charles o'r Bala ei hun. Erbyn diwedd 1818 dechreuodd bregethu, a chymaint oedd ei ddylanwad cynnar nes iddo ddenu'r pregethwr enwog John Jones, Talysarn i'r pulpud.

Yn 1827, ar ôl cyfnod fel llyfr-rwymwr yn Amwythig fe'i hordeiniwyd i'r Weinidogaeth. Dechreuodd fel Gweinidog gyda'r Methodistiaid yn Lerpwl yn 1836 ac

Y Parch. Henry Rees   *Chwibren Isaf, Llansannan*

o fewn pum mlynedd dilynwyd ef yno gan William ei frawd (Gwilym Hiraethog). Bu tri o'i bedwar o blant farw yn eu babandod ond priododd Ann (y pedwerydd) gyda Richard Davies, yr Aelod Seneddol dros Fôn a drigai ym mhlas Treborth. Y cyswllt hwn sy'n egluro pam fod un o gewri mwyaf y pulpud Cymreig wedi ei gladdu ar Ynys Tysilio ger Pont y Borth. Teithiodd i'r Unol Daleithiau i ledaenu'r efengyl ymhlith y Cymry yno ac yn fuan wedyn gwelir ef yn cynrychioli Methodistiaeth Cymru mewn cyfarfod o'r 'Gynghrair Efengylaidd' yn Berlin (1857). O 1860-69 ef oedd Gweinidog Chatham – un o'r capeli harddaf a adeiladwyd erioed gan y Cymry. Cyhoeddwyd cofiant iddo gan y Parch. Owen Thomas, gweinidog enwocaf Capel Princes Road, taid Saunders Lewis ac un o'r gweinidogion enwocaf yn ein hanes (cawn weld ei feddfaen pan ymwelwn â mynwent Anfield).

Yn 1893 daeth William Owen Jones (1861–1937) o Penbryn, Chwilog yma fel gweinidog. Ar ôl cyfnod yng Ngholeg y Bala roedd wedi ennill gradd mewn athroniaeth yng Ngholeg Sant Ioan, Caergrawnt (sef y Coleg a fynychodd William Morgan, Y Wybrnant). Roedd yn bregethwr nodedig ac yn gyfrannwr pwysig i gyfnodolion Cymraeg yr oes. Oherwydd ei anghytundeb athronyddol gyda'r Cymundeb sefydlodd fudiad newydd dan y teitl 'Eglwys Rydd y Cymry' yn ogystal â chapel yn Hope Street yn 1901 gyda 450 o aelodau a ddenwyd yn bennaf o blith aelodau Capel Chatham. Cyn hir roedd gan yr eglwys newydd hon dros fil o aelodau. Erbyn 1920 roedd Eglwys Rydd y Cymry wedi chwythu ei phlwc ac fe ymunodd gyda'r Annibynwyr. Bu W. O. Jones wedyn yn gofalu am eglwys Canning Street sy'n gorwedd yn agos, o fewn yr ardal Sioraidd. Efallai y cofir am W.O. yn fwy na dim am y misolyn *Llais Rhyddid* a gyhoeddwyd o 1902 tan 1920. Ynddo gwelir trafodaethau a dadleuon ynglŷn â rhyddfrydiaeth a chrefydd. Bu farw yn 1934 ac yntau'n dal yng ngofal Capel Annibynwyr Canning Street.

Abercromby Square

Ymlaen o Gapel Chatham i **Abercromby Square**. Yma y bu Gwilym Deudraeth yn byw yn niwedd ei oes. ⑨

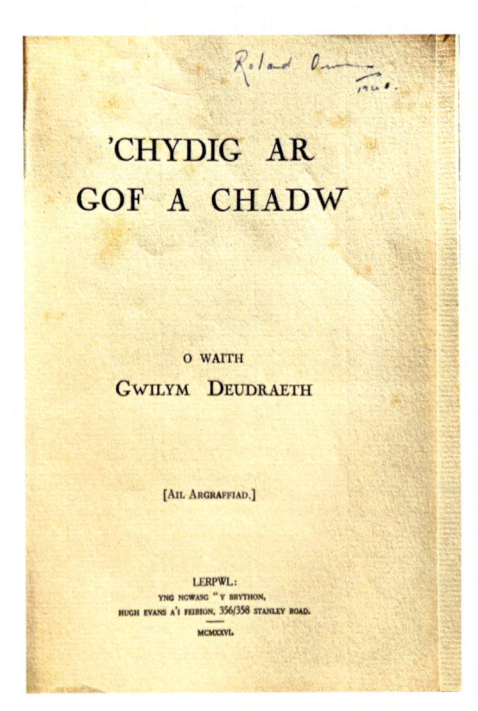

Bardd yr Awen Barod fu'n gweithio yn Nociau Lerpwl ac yn Abercromby Square

Cafodd William Thomas Edwards (Gwilym Deudraeth, 1863-1940) ei eni yng Nghaernarfon ('Rwy'n Wilym o'r Hen Walia'), yna symudodd ei deulu i fyw i Benrhyndeudraeth. Er bod ei dad a'i frawd yn llongwyr, wedi un fordaith, llyncodd Gwilym yr angor a mynd i weithio yn chwarel lechi Gloddfa Ganol, Blaenau Ffestiniog ac yna'n orsaf-feistr ar y lein fach. Dysgodd gynganeddu yn y chwarel a thyfodd i fod yn englynwr ffraeth a phert. Pan fu farw yn 1940, meddai un deyrnged iddo yn Y *Cymro*: 'ef oedd y parotaf ei awen o neb sydd yn fyw'.

Yna, aeth i weithio ar ddociau Lerpwl gan briodi Harriet Edwards o Lanferres a chawsant bedwar o blant. Roedd yn cynganeddu wrth siarad: 'Sut mae bys Tomi bach?' Neu'r tro hwnnw pan gafwyd cadair wag mewn eisteddfod: 'Neb yn deilwng a phawb yn diawlio'.

Un arall ganddo oedd 'Rhaid i fardd gael pryd o fwyd'. Gweithio yn y diwydiant cotwm ar y cei yr oedd Deudraeth, yn un o lu mawr o Gymry a Gwyddelod oedd yn llwytho a dadlwytho rhwng y llongau a'r stordai. Roedd y dosbarth gweithiol yn amlycach mewn dinas nag yng nghefn gwlad Gwynedd, ac roedd yn un o ddosbarth gweithiol Cymraeg Lerpwl.

Rhentu tai fu'i hanes ef a'i deulu, gan symud pan âi'n ddrwg rhyngddyn nhw a'r landlord. Buont yn byw yn Birkenhead am gyfnod ac yn Bannerman Street a 10 Noel Street yn y ddinas. Dioddefodd dlodi mawr adeg dirwasgiad diwedd y 1920au ond yn 1930 derbyniodd swydd gofalwr a thŷ

Gwilym Deudraeth

ynghlwm â'r swydd yn 3 Abercromby Square.

Cyfoethogodd fywyd Cymraeg y ddinas ond pan gafodd ei gladdu ym mynwent Allerton, nid oedd arian gan y teulu i roi carreg ar ei fedd. Gwnaed iawn am hynny gan Gymry Lerpwl pan gynhaliwyd Gŵyl Gwilym Deudraeth yn Ebrill 2002 i gofio am ei gyfraniad i ddiwylliant Glannau Merswy a Chymru. Rhoddwyd carreg goffa ar ei fedd fel rhan o'r dathliadau.

Mae'i englynion yn dal i gael eu dyfynnu ar lafar – a'r un yn fwy na hwn efallai, a fu fyw ar lafar gwlad am ddegawdau, cyn cael ei gyhoeddi yn *Englynion Coch* yn 1973. Mae Canada Doc i'r gogledd o Prince's Dock y *Mimosa*, a gwnaed newidiadau iddo ar ddechrau'r ugeinfed ganrif.

CANADA DOC

Cyfansoddwyd gan Gwilym Deudraeth ar achlysur agor doc newydd, y *Canada Dock* ar lannau Merswy gan y Prins of Wêls. Roedd y Prins yn hwyr iawn yn cyrraedd.

Rhy boeth, eiriasboeth yw'r hin —i'th aros,
 Ddoeth arwr o frenin;
 Dyro yng ngwydd dy werin
 Canada Doc yn dy dîn.

Englyn byrfyfyr enwog Gwilym Deudraeth a gyhoeddwyd yn 1973 yn Englynion Coch

Doc coed y Canada Dock

Abercromby Square gyda'r Eglwys Gadeiriol Gatholig (Metropolitan) yn y cefndir

Yn Abercromby Square hefyd yr oedd adran bensaernïol beirianyddol y Brifysgol – yr adran yr oedd Richard Huws y pensaer yn ddarlithydd ynddi.

O'r sgwâr braf yma, awn draw i ymuno â phen Hope Street, yn agos at yr Eglwys Gadeiriol Gatholig. I lawr Hope Street wedyn a galw am lymed yn nhafarn enwocaf y ddinas sef y Philharmonic. Saif y dafarn fyd-enwog yma (a adnabyddir fel y Phil yn Lerpwl) ar y gornel rhwng Hope Street a Hardman Street. Cynlluniwyd hi ar gyfer y bragwr cwrw Robert Cain a hynny gan Gymro.

Pensaer a hanai o Hwlffordd oedd

Hope Street a'r Eglwys Gadeiriol Gatholig (Metropolitan)

Tafarn y Philharmonic

10 Walter William Thomas (1849–1912) a chyn iddo gynllunio'r **Philharmonic Dining Rooms** yn 1898 roedd eisoes wedi cynllunio rhai o dai crandiaf ardal Sefton Park a hefyd adeilad siop enwog Owen Owens ar London Road, sef Audley House. Mae Audley House hefyd tua milltir i'r gorllewin ac wedi ei greu yn yr arddull Gothig sy'n nodweddu'r dafarn. Bu'r siop hon yn nwylo Cymro arall a hanai o ardal Edeyrnion, sef T. J. Hughes ac yn nes ymlaen fe gawn ymweld â beddfaen ei deulu yntau ym mynwent Anfield.

Cyn ichi ymadael â thafarn y Phil gofalwch ymweld â thoiledau'r dynion. O'r holl doiledau a welais ar draws y byd rhaid dweud mai hwn i mi yw'r mwyaf cofiadwy o'r cwbwl. Gwaetha'r modd mae toiledau'r merched yn llai cyffrous gan na chawsant eu haddurno gyda mosaic Fictorianaidd.

Tai bach enwog tafarn y Philharmonic

Tafarn ar gyfer dynion yn unig oedd y Phil ac ni chrëwyd toiledau'r merched tan 30 mlynedd yn ddiweddarach. Yn 2018 cerddodd Paul McCartney a'i fand i mewn i'r dafarn a chynnal cyngerdd dirybudd yn y bar!

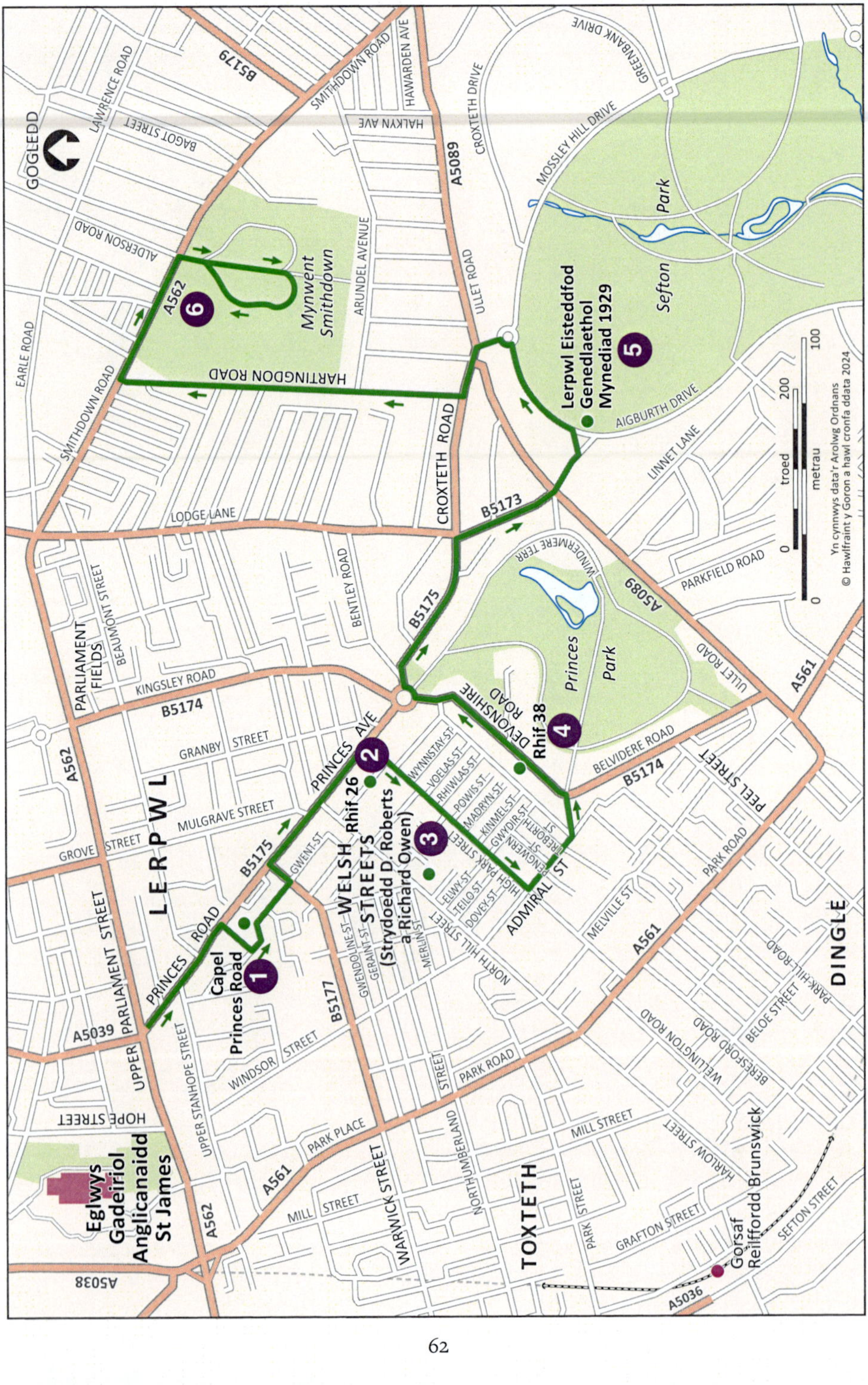
GOGLEDD
LERPWL
TOXTETH
DINGLE
Eglwys Gadeiriol Anglicanaidd St James
Capel Princes Road
WELSH STREETS (Strydoedd D. Roberts a Richard Owen)
Rhif 26
Rhif 38
Lerpwl Eisteddfod Genedlaethol Mynediad 1929
Mynwent Smithdown
Princes Park
Sefton Park
Gorsaf Reilffordd Brunswick
PRINCES ROAD
PRINCES AVE
DEVONSHIRE ROAD
ADMIRAL ST
HIGH PARK STREET
NORTH HILL STREET
HARTINGDON ROAD
CROXTETH ROAD
SMITHDOWN ROAD
LODGE LANE
KINGSLEY ROAD
GRANBY STREET
MULGRAVE STREET
GROVE STREET
PARLIAMENT STREET
UPPER PARLIAMENT STREET
PARLIAMENT FIELDS
BEAUMONT STREET
UPPER STANHOPE STREET
WINDSOR STREET
HOPE STREET
PARK PLACE
MILL STREET
WARWICK STREET
NORTHUMBERLAND STREET
PARK ROAD
PARK STREET
GRAFTON STREET
HARLOW STREET
SEFTON STREET
WELLINGTON ROAD
BERESFORD ROAD
BELOE STREET
PARK HILL ROAD
MELVILLE ST
PEEL STREET
BELVIDERE ROAD
ULLET ROAD
PARKFIELD ROAD
LINNET LANE
AIGBURTH DRIVE
MOSSLEY HILL DRIVE
CROXTETH DRIVE
GREENBANK DRIVE
WINDERMERE TERR
BENTLEY ROAD
ARUNDEL AVENUE
HALKYN AVE
HAWARDEN AVE
ALDERSON ROAD
BAGOT STREET
LAWRENCE ROAD
EARLE ROAD
GWENT ST
GWENDOLINE ST
GERAINT ST
MERLIN ST
WYNNSTAY ST
VOELAS ST
RHIWLAS ST
POWIS ST
MADRYN ST
KINMEL ST
GWYDIR ST
PENGWERN ST
TREBORTH ST
ELWY ST
TEILO ST
DOVEY ST
A5039
A562
A561
A5038
A5036
A5089
B5175
B5174
B5177
B5173
B5179
troed
metrau
Yn cynnwys data'r Arolwg Ordnans
© Hawlfraint y Goron a hawl cronfa ddata 2024

Y Drydedd Daith

Ardal Toxteth i'r de o Parliament Street. O groesffordd Parliament Street a Princes Road tuag at Gapel Princes Road, y 'Welsh Cathedral' ac ymlaen i Welsh Streets David Roberts a Richard Owens (a enwyd ar ôl stadau bonedd gogledd Cymru). Ymlaen drwy Devonshire Street tua'r gogledd drwy berfeddion Toxteth ac i fynwent Smithdown Road.

Dechreuwn ein trydedd taith drwy ddechrau cerdded tua'r de o'r gyffordd rhwng Upper Parliament Street a Princes Road (tua 300 metr i'r gogledd o fynwent Eglwys Gadeiriol Anglicanaidd St James). Wedi cerdded dau gan metr ar hyd ochr dde Princes Road fe ddown at y **'Welsh Cathedral'** ❶ sy'n prysur ddadfeilio tu ôl i'r fframiau diogelwch sy'n ei hamgylchynu (fel ag yr wyf yn ysgrifennu). O'r holl adeiladau a godwyd gan y Cymry yn Lerpwl efallai mai hwn sy'n crynhoi'r holl stori Gymreig yn ei chyfanrwydd. Yn 1905 roedd Evan Roberts, pregethwr enwog y Diwygiad Mawr, yn pregethu yma. Dengys tystiolaeth fod 1,500 o gynulleidfa y tu mewn i'r eglwys a 5,000 yn ei groesawu y tu allan ar yr heol ysblennydd sy'n anelu tuag at Princes Park.

Hawdd yw dychmygu'r awyrgylch ymhlith y Cymry ar y diwrnod hwnnw (29ain Mawrth 1905). Dengys ffigyrau bod o leiaf 30,000 o bobl yn siarad Cymraeg yn

Tu mewn i gapel Princess Road tua 1930

UK, after London. The synagogue is one of the finest examples of the Moorish Revival style architecture in British synagogues and received Grade I listing in 2014.

Our Lady of Mount Carmel and St Patrick Catholic Parish Churches are both located just a short walk away from the Boulevard. St Patrick's neoclassical style architecture was designed by John Slater and completed in 1827. The free-standing statue of Saint Patrick on the outside of the building was moved from the St Patrick Insurance Company building in Dublin in 1827. Our Lady of Mount Carmel was built in 1876-78 by the noted Liverpool architect James O'Byrne.

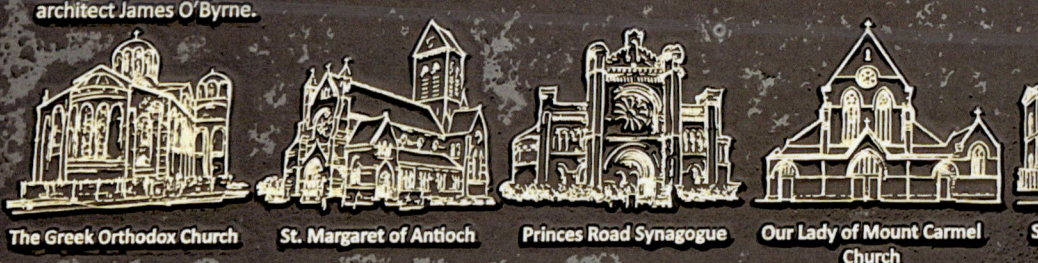

| The Greek Orthodox Church | St. Margaret of Antioch | Princes Road Synagogue | Our Lady of Mount Carmel Church |

Detholiad o adeiladau crefyddau ac enwadau amrywiol ardal Princes Road

y ddinas ar y pryd. Roedd Evan Roberts, y pregethwr 26 mlwydd oed o Gasllwchwr, Morgannwg eisoes wedi ennill dilyniant ac enwogrwydd yng Nghymru ac o dan arweiniad y rebel weinidog William Owen Jones fe drefnwyd ymweliadau o gapeli Lerpwl ar ei gyfer ef a'r tîm oedd yn ei hebrwng. Gwnaethpwyd y trefniadau yn enw 'Eglwys Rydd y Cymru' felly, a bu hyn ynddo'i hun yn destun dadl ymhlith anghydffurfwyr y ddinas.

Roedd trigolion eraill y ddinas wedi'u syfrdanu gan rym y cyfarfodydd a'r tyrfaoedd enfawr a ddenwyd, a hynny i

Evan Roberts

Y Parch. Owen Thomas

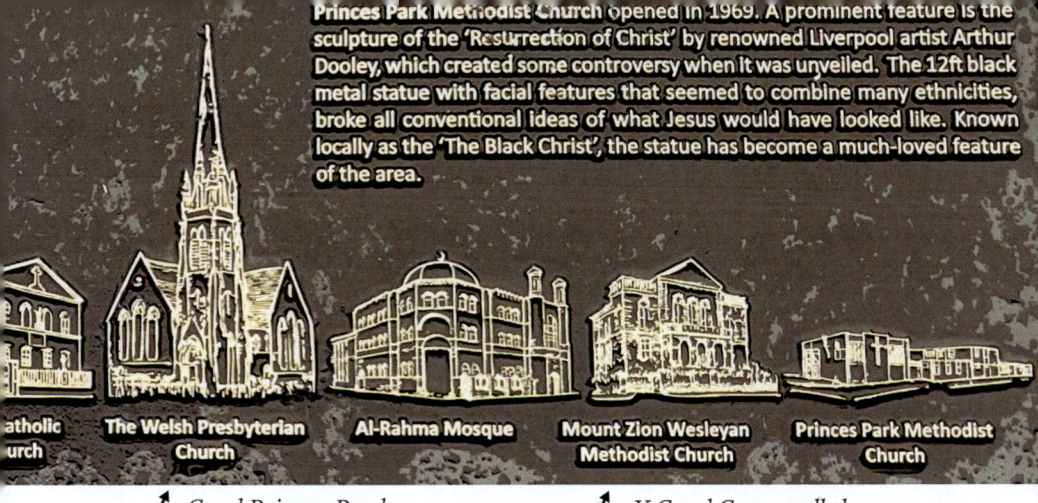

Princes Park Methodist Church opened in 1969. A prominent feature is the sculpture of the 'Resurrection of Christ' by renowned Liverpool artist Arthur Dooley, which created some controversy when it was unveiled. The 12ft black metal statue with facial features that seemed to combine many ethnicities, broke all conventional ideas of what Jesus would have looked like. Known locally as the 'The Black Christ', the statue has become a much-loved feature of the area.

atholic urch | The Welsh Presbyterian Church | Al-Rahma Mosque | Mount Zion Wesleyan Methodist Church | Princes Park Methodist Church

↑ *Capel Princess Road*

↑ *Y Capel Cymraeg lle bu Tegla Davies yn weinidog*

ddeunaw o gapeli a neuaddau ar hyd a lled y ddinas. Gwelwyd posteri a lluniau o Evan Roberts mewn ffenestri tai ym mhob cwr. O safbwynt maint y cynulleidfaoedd roedd pob un yn denu dros fil. Yn y Sun Hall, Kensington ar y 7fed Ebrill gwelwyd tyrfa o 8,000 yn mynychu a'r rhan fwyaf ohonynt yn bobl ifanc.

Cewch ddigonedd o wybodaeth am y Diwygiad yn Lerpwl mewn llyfrau ac ar y we ond digon yma yw canolbwyntio ar y capel rhwysgfawr sy'n sefyll o'n blaenau ar ymyl heol y *boulevard* crandiaf yn y ddinas.

Gosodwyd carreg sylfaen y capel yn 1865. Pan agorwyd y drysau yn 1867, hwn oedd yr adeilad uchaf yn Lerpwl. Mae'r tŵr ei hun yn 200 troedfedd o uchder ac roedd seddau ar gyfer 1,000 o bobl yn y gynulleidfa. Codwyd y capel ar gost o dros £20,000 sy'n cyfateb i ryw saith miliwn o bunnoedd heddiw. Roedd y capel am yr hanner canrif nesaf yn cynrychioli cyfoeth y dosbarth canol Cymreig yn ogystal â'u gweledigaeth ar gyfer eu teuluoedd a'u plant. Er bod yna ymhell dros 50 o fannau addoli ar gyfer y Cymry, y capel eglwysig hwn oedd yr em ddisgleiriaf o'r cyfan. Rhwng 1871 ac 1891 (cyfnod gweinidogaeth Owen Thomas, taid Saunders Lewis) ni chwympodd y cyfanswm aelodaeth o gwbl o dan fil ac er bod llawer o'r plant yn gyndyn o ddefnyddio'r Gymraeg fe lwyddwyd i gynnal holl waith y capel mwy neu lai yn y Gymraeg hyd at 1982, pan ddaeth yr achos i ben. Wedi cyfnod Owen Thomas daeth John Williams, Brynsiencyn yma yn 1895.

Awst 13, 1891

Cynhebrwng y Parch. Owen Thomas, D.D.

Ddydd Gwener diweddaf, llu mawr o wŷr bucheddol a ddygasant y pregethwr enwog— Dr. Thomas—allan i'w gladdu yn mynwent Anfield—y Macpela mawr hwnw sydd o'r tu gogleddddwyrain i ddinas Lerpwl. Yr oedd eisoes yn y gladdfa eang hon nifer lluosog o Gymry yn gorphwys, a meddyliau miloedd o'n cydgenedl yn cymeryd gwibdeithiau mynych i hofran uwchben manau bychain eu bedd; ond bydd y gweddillion a dderbyniodd Claddfa Anfield i'w mynwes ddydd Gwener diweddaf, yn ei gwneud yn fan o ddyddordeb cyffredinol am oesau lawer i genedl y Cymry, ac yn enwedig i Fethodistiaid Cymreig.

Am haner dydd, cynhaliwyd cyfarfod cyhoeddus yn Nghapel Princes Road. Yr oedd yr addoldy eang a hardd yn llawn cyn yr amser i ddechreu. Oddeutu ymylon y pwlpud yr oedd brethyn du. Yn yr *aisle* o'r tu dehau i'r sêt fawr, yr oedd y corph mewn arch o dderw hardd, tra yr eisteddai y perthynasau yn y ddwy res o seddau o flaen ac yn agosaf i'r pwlpud. Arweinid y gwasanaeth gan y Parch. Griffith Ellis, M.A. Dechreuwyd trwy ddarllen a gweddio gan y Parch. Owen Jones, B.A. Wedi canu emyn, galwodd Mr.

Cofnod o angladd Y Parch. Owen Thomas yn Y Cymro

QR 2 *Cliciwch ar y côd QR yma i weld ffilm o gyflwyniad Gari Wyn wrth adfeilion Capel Princes Road*

Capel Princes Road

Adfeilion Capel Princes Road heddiw

CYMDEITHAS CYMRU FYDD.

NOSON LAWEN

DOWCH I YSGOLDY
EGLWYS M.C. PRINCES ROAD,
NOS SADWRN, EBRILL 26,
i weled a chlywed

HOGIAU'R COLEG,
Y DARLLEDWYR DI-AIL O FANGOR.

TOCYNNAU 2/-

Hysbyseb Noson Lawen yn Y Glannau *yn y 1950au yn arwydd o'r bywyd cymdeithasol Cymraeg oedd yn cael ei gynnal yn Ysgoldy Princes Road*

Yn ystod ei weinidogaeth yma priododd John Williams gyda merch David Hughes, Cemaes, un o adeiladwyr mwyaf llwyddiannus yr holl ddinas. Ef a'i gwmni a adeiladodd y rhan fwyaf o'r strydoedd o gwmpas stadiwm bêl-droed Anfield. Enw un o'r strydoedd yw Edith Street. Edith oedd gwraig John Williams. Roedd y briodas yn y capel yma yn 1896 ymhlith y priodasau crandiaf a welwyd o fewn capeli Presbyteraidd Cymraeg.

Dychwelodd y bachgen o Landyfrydog a'i wraig i fugeilio capel Brynsiencyn yn 1906. Yn ystod blynyddoedd y Rhyfel Mawr daeth y Parchedig John Williams yn enw adnabyddus i bobl gogledd Cymru gan mai ef oedd prif ladmerydd Lloyd George yn ei ymgyrch i recriwtio milwyr. Byddai'n pregethu mewn lifrai milwrol ac yn mynychu ffeiriau a marchnadoedd i gynnal cyfarfodydd recriwtio.

Flwyddyn cyn i John Williams ac Edith briodi, fe gwblhawyd addurniadau ac ychwanegiadau newydd i'r capel. Cynhwysai hyn festri newydd, ystafelloedd ysgol Sul a llyfrgell. Wrth sefyll yn y gwagle gerllaw ar yr ochr orllewinol gellir gweld pa rannau oedd yr ychwanegiadau gan eu bod o wahanol garreg a brics coch.

Penseiri cynnar y capel oedd W. a G. Audsley, cwmni o Lerpwl. Y gŵr a oedd yn gyfrifol am ochr datblygu a goruchwylio'r cynlluniau a'r adeiladu, gam wrth gam, oedd Richard Owens y Pensaer a fu'n gyfrifol am dros 250 o gapeli Cymru. Roedd Richard Owens yn ddylanwadol ac amlwg yn natblygiad yr holl ardal o gwmpas y capel. Cyn iddi gael ei datblygu, adnabyddid yr ardal fel Parliament Fields.

Wedi ichi gerdded o gwmpas tu allan i'r capel cymrwch funud neu ddau i feddwl am yr unigolion hynny a fu mor amlwg yn ei holl hanes. Anodd peidio rhoi clod enfawr i un teulu amlwg, sef teulu David Roberts yr adeiladwr oedd yn byw yn Hope Street, chwarter milltir i'r gogledd. Erbyn 1865 roedd wedi dod yn un o brif adeiladwyr y ddinas ac yn berchen pedair iard goed. Rhoddodd ef a'i fab John Roberts (yr Aelod Seneddol) gyfraniadau ariannol allweddol i gynnal y capel a'r achosion hynny roedd y capel yn eu hyrwyddo.

O'r £20,000 a wariwyd i godi'r capel gwreiddiol, David a John a gyfrannodd ei hanner. Buont hefyd yn allweddol yn hanes datblygiad addysg a Choleg Prifysgol Bangor. Er nad oedd parhad yr iaith yn fater trafod yr adeg honno mae'n ffaith bod ymroddiad y ddau fel philanthropyddion a blaenoriaid wedi bod yn hollbwysig i barhad y diwylliant Cymraeg yn Lerpwl a Chymru. Ysgrifennodd y Dr D. Ben Rees yn fanwl am eu cyfraniad ac mae hanes eu mentergarwch yn rhywbeth i Gymru fod yn falch ohono heddiw.

Roedd busnes coed David Roberts wedi hen ymsefydlu pan brynodd gaeau Parliament Fields oddi wrth yr Arglwydd Sefton. Roedd dwy o'i iardiau coed yn agos ac felly'n gwneud y gwaith adeiladu yn fwy ymarferol. Roedd llawer o Gymry hefyd yn amlwg o fewn y Cymdeithasau Adeiladu (megis Cymdeithas Adeiladu Chatham) yn ogystal ag o fewn banciau megis y North and South Wales Bank ar Castle Street ddwy filltir i ffwrdd.

Roedd Cymry dylanwadol hefyd yn byw yn Toxteth gerllaw. Yno yn rhif 4 Warwick Street y trigai Owen Williams (1814–1902). Daeth yma gyda'i rieni o Lanfair-yn-neubwll, Ynys Môn yn werthwr tai ac yn bensaer gyda'i swyddfa ynghanol y ddinas ar Victoria Street. Ef a gynlluniodd bromenâd Llandudno dros yr Arglwydd Mostyn a diweddodd ei oes yn Lodwig Villa ger gorsaf drên Bangor. Mae wedi ei gladdu yn agos at fynedfa mynwent Glanadda ar ffordd Caernarfon. Ceir hanes ei yrfa yn *The Welsh Builder on Merseyside*.

② O gefn Capel Princes Road cerddwch rŵan tua'r de ac fe ddowch allan yn ôl ar y Boulevard. Ewch ymlaen ar hyd **Princes Avenue**. Sylwch ar **Rif 26** wrth basio. Hwn oedd cartref y cerddor Harry Evans (1873–1914) a anwyd yn Nowlais. Roedd yn fab i arweinydd côr lleol a dangosodd dalent gerddorol yn ifanc – roedd yn organydd capel Gwenllwyn yn naw oed. Yn 1898, ffurfiodd ddau gôr – meibion a merched – ac enillodd ei gôr meibion y wobr gyntaf yn yr Eisteddfod Genedlaethol yn Lerpwl yn 1900. Mae mwy o wybodaeth amdano wrth inni gyrraedd glan ei fedd ym mynwent Parc Toxteth ar ddiwedd y daith hon.

Harry Evans, y cerddor

③ Oddi yma daliwch i gerdded ger ochr yr hewl am dri chanllath nes dewch i'r troad ar y dde i mewn i High Park Street. Wrth edrych yn eich blaen fe welwch arwydd enwog y **Welsh Streets** wedi ei osod yn eglur ac amlwg ar dalcen y tŷ pen yn Wynnstay Street. Dyma ni rŵan yn y strydoedd a enwyd ar ôl stadau gogledd Cymru:

Wedi cryn gythrwfl, dros ddegawd yn ôl, penderfynodd Cyngor y Ddinas ail-atgyweirio a chynllunio'r holl strydoedd. Efallai mai'r prif reswm dros wneud hyn oedd y ffaith mai yn **rhif 9 Madryn Street** y ganed Ringo Starr. Mae'r tai teras oll bellach yn ymddangos yn debyg oddi allan i'r hyn oeddynt o'r blaen ac yn sefyll fel cofeb fodern i waith David Roberts yr

26 Princes Avenue

Talcen un o'r strydoedd Cymreig yn ardal Toxteth – maent wedi'u hadfer erbyn hyn.

Ringo ar furlun y Welsh Streets    *Strydoedd Voelas, Gwydir a Madryn*

*Plac ar gartref y Davies',
rhif 38 Devonshire Road*

QR 3 *Cliciwch ar y côd QR yma i weld ffilm o gyflwyniad Gari Wyn am y 'Welsh Streets'*

adeiladwr a Richard Owens y pensaer. Pan fu farw Richard yn 1891 yn 60 mlwydd oed parhaodd Hugh ei fab i reoli'r cwmni. Bu farw Hugh yn 1942 ac yntau yn 81 mlwydd oed a thrwy gydol y ganrif, tan y dirwynodd y cwmni i ben yn ystod 60au'r ugeinfed ganrif, fe barhaodd y cwmni i weithio o'r Westminster Chambers yn Crosshall Street. Mae'n ffaith eironig nad oes, hyd y gwelaf, gofnod o hanes David Roberts na Richard Owens yn *Y Bywgraffiadur*. Dau fentergarwr sy'n sefyll ymhlith ein pwysicaf o safbwynt eu cyfraniad i Gymru. Dylid cofio hefyd fod y tai teras yma yn arloesol yn ystod eu cyfnod ac yn cynnwys toiledau a chyflenwad dŵr glân ynghyd â goleuadau stryd.

Wedi cerdded i ben draw y rhesi tai teras yn y Welsh Streets gallwch droi i'r chwith ar hyd Admiral Street ac ymlaen ar hyd Devonshire Road gan anelu'n ôl at waelod Princes Road lle saif y fynedfa i barc hyfryd Princes Park. Dyma ddod at ardal o dai crand, a hanner ffordd ar hyd Devonshire Road ar y chwith fe ddown at gartref y teulu Davies. Symudodd teulu John Davies (oedd yn fab i farsiandwr te o'r enw David Davies a ddaeth yma o Lanilar, Ceredigion) i rif **38 Devonshire Road** yn 1891, a daeth yn flaenor amlwg yng Nghapel Princes Road o dan

④

Cartref y Davies'

J. Glyn Davies ar drol o flaen y 'Ship', Aberdaron

weinidogaeth y Dr Owen Thomas, taid Saunders Lewis. Ef oedd cadeirydd pwyllgor gwaith Eisteddfod Genedlaethol Lerpwl 1884, sef y cyntaf o'r tair Eisteddfod Genedlaethol a gynhaliwyd yn y ddinas. Fe welwch blac ar wal y tŷ i gofio dau o blant John a Gwen Davies sef John Glyn a George Maitland Lloyd Davies.

J. Glyn Davies

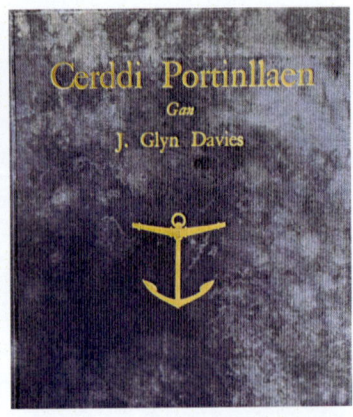

Cerddi Portinllaen, J. Glyn Davies

Ganed John Glyn yn 1870 yn rhif 55 Peel Street ger Parc Sefton. Roedd Gwen ei fam yn ferch i'r pregethwr enwog John Jones Tal-y-sarn. Dringodd i swyddi uchel gyda chwmnïau llongau yn Lerpwl, sef Rathbone Brothers a chwmni'r Cambrian. Wedi cyfnod yn gweithio yn Seland Newydd daeth adref ac o dan ddylanwad yr Aelod Seneddol Thomas Edward Ellis penodwyd ef i greu llyfrgell addysgol gyntaf Cymru ym Mhrifysgol Aberystwyth. Hon yn nes ymlaen fyddai sylfaen bodolaeth y Llyfrgell Genedlaethol yn Aberystwyth. Cymaint oedd ei gariad at Lerpwl nes iddo ddychwelyd adref yn 1907 i weithio yn y Brifysgol ac o 1920 hyd 1936 ef oedd athro a phennaeth yr Adran Efrydiau Celtaidd enwog oedd yno.

Yn ystod ugain mlynedd olaf ei fywyd bu'n byw mewn amryw o leoedd gwahanol gan gynnwys Caergrawnt, Llandegfan a Llanfairfechan (lle bu farw yn 1953). Cofir ef yn fwyaf arbennig am ei farddoniaeth ar gyfer plant ac efallai yn fwyaf nodedig ei gyfrol o ganeuon *Cerddi Huw Puw*. Gadawodd inni gyfoeth o lên gwerin, a gasglodd dros ddegawdau, yn ymwneud â'r môr.

Eitha' peth fyddai ichi ganu Fflat Huw Puw ar y pafin o flaen rhif 38 cyn ichi symud ymlaen!

Brawd John Glyn Davies oedd George M. Ll. Davies a ddechreuodd ei yrfa yn gweithio yn Banc Martins, banc enwog yn hanes Lerpwl sy'n sefyll ar Water Street ger Neuadd y Dre (sydd ar hyn o bryd yn cael ei adfer i'w hen ogoniant). Dim ond teuluoedd cyfoethog iawn a gysylltid â'r sefydliad hwnnw.

Yn 1909 ag yntau'n 29 mlwydd oed treuliodd George gyfnod yn y fyddin diriogaethol. Y cyfnod hwnnw a luniodd

Stanley Davies (brawd arall) a George M. Ll. Davies ar ymweliad ag Ynys Enlli

genhadaeth ei fywyd fel heddychwr ac ar doriad y Rhyfel Mawr yn 1913 roedd yn un o brif sefydlwyr Cymdeithas y Cymod.

Mae bywyd George M. Ll. Davies yn stori o frwydr cydwybod yn erbyn sefydliad. Datganodd yn agored ei fod yn 'wrthwynebydd cydwybodol'. Gan ei fod erbyn hyn wedi dyrchafu ei hun i fod yn Ysgrifennydd Ymddiriedolaeth Cynllunio Trefi a Thai Cymru, fe geisiodd yr awdurdodau ei gael i dawelu ond safodd dros ei egwyddorion dro ar ôl tro a wynebodd gyfnod yn y carchar o Ionawr 1918 hyd at Fehefin 1919. Bu yng ngharchardai Wormwood Scrubs, Dartmoor a Knutsford.

Bu George M. Ll. Davies hefyd yn allweddol yn y trafodaethau rhwng Éamon de Valera a Lloyd George i geisio dod â heddwch ac annibyniaeth i Iwerddon

Mynedfa Sefton Park heddiw

rhwng 1920 ac 1921. Bu hefyd yn Aelod Seneddol dros Brifysgol Cymru am gyfnod byr. O 1926 rhoddodd ei fywyd i weinidogaethu dros y Methodistiaid Calfinaidd a chydweithiodd gyda Gwynfor Evans dros Gymdeithas Heddychwyr Cymru o 1937 ymlaen. Ef ei hun oedd llywydd y mudiad, a'r Gwynfor Evans ifanc oedd yr ysgrifennydd. Treuliodd dair blynedd olaf ei fywyd mewn cyflwr o iselder dwys a chyflawnodd hunanladdiad yn Ysbyty Meddwl Dinbych 1949.

Ni allwn symud ymlaen o Devonshire Road heb gofio un digwyddiad dadlennol. Pan oedd y bechgyn yn blant aeth John Davies eu tad (ac yntau'n flaenor ac arweinydd amlwg yn Princes Road) yn fethdalwr. Oherwydd snobyddiaeth y gymdeithas ddosbarth canol fe gollodd ei sedd fel blaenor. Parhaodd Gwen ei wraig i fynd i'r capel ac eistedd yn eu sedd gadw ym mlaen cangell y capel ond cerddai John drwy'r strydoedd cefn ac eisteddai ar ei ben ei hun mewn cornel y tu cefn i'r fan lle safai organ newydd y capel. Dyna'r cywilydd a osodwyd ar bobl fusnes oedd yn mynd yn fethdalwyr. Doedd gan yr hierarchaeth ddosbarth canol Cymreig fawr o ras na thosturi tuag at fethdalwyr a chyfrifid yr unigolion hynny a fyddai'n methu talu eu dyledion fel rhyw fath o wahangleifion na ddylid ymhél â nhw.

Oddi yma cerddwn ganllath ymlaen at **brif fynedfa Sefton Park**. Mae hwn yn un ymhlith hanner dwsin o barciau harddaf y ddinas ac yn weddol agos at Barc Sefton lle

QR 4 *Cliciwch ar y côd QR yma i weld ffilm o Eisteddfod Genedlaethol Lerpwl 1929*

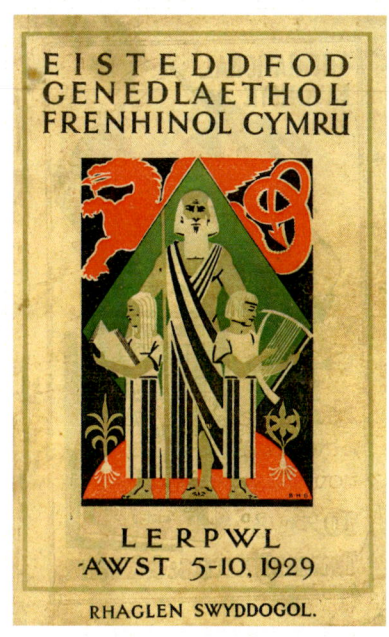

Rhaglen Eisteddfod 1929

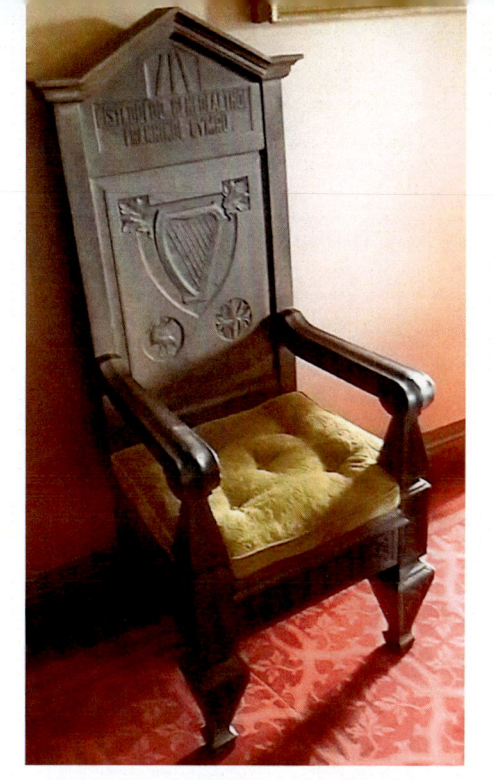

Cadair Eisteddfod 1929, a enillwyd gan Dewi Emrys yn Princes Park, sydd bellach yng Nghastell y Waun

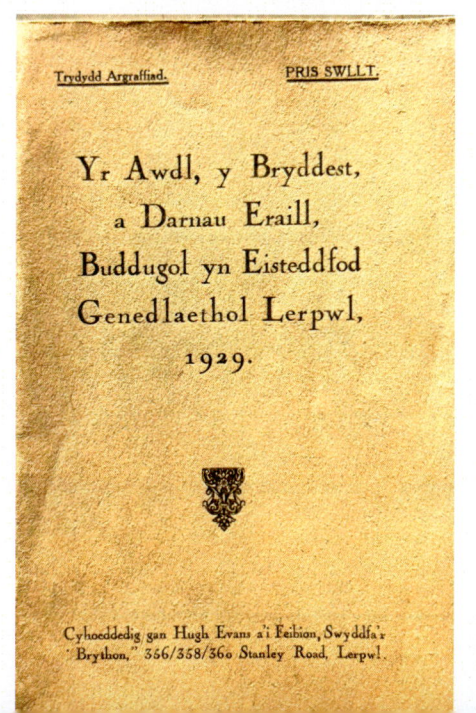

cynhaliwyd Eisteddfod Genedlaethol 1929. Dylech allu cerdded drwy Princes Park a gweithio drwy'r strydoedd nesaf a dod allan ar ochr ogledd-orllewinol Parc Sefton. Mae'r parc godidog yma yn haeddu prynhawn cyfan o sylw ac oni bai bod gennych rai dyddiau yn Lerpwl yna bydd raid ichi adael hynny tan y tro nesaf. Ond gweddus yma yw sôn fymryn am Eisteddfod Genedlaethol 1929, sef y drydedd o'r tair Eisteddfod a gynhaliwyd yn y ddinas.

Roedd Eisteddfodau 1894 a 1900 wedi eu cynnal ym mhafiliwn yr hen farchnad yn y North Haymarket gyda 10,000 yn bresennol ond yn Eisteddfod Sefton Park torrwyd holl record presenoldeb yr Eisteddfodau a fu. Dylid cofio bod tua 75,000 o frodorion Lerpwl yn Gymry yn 1929 ac roedd ymhell dros hanner y rhain yn gallu siarad Cymraeg. Daeth 8,000 o

Y Palm House yn Sefton Park

Llyn Sefton Park

bobl i'r cyfarfod agoriadol ar ddydd Llun, 5ed Awst. Roedd y pafiliwn a godwyd wedi ei gynllunio i ddal 7,500. Roedd dros 10,000 yn y Pafiliwn ar y dydd Mawrth a 12,000 ar y dydd Mercher. Ymhlith y buddugwyr yn cystadlu roedd yr adroddwyr Edna Rees a Grace Jones, a daeth band pres Gweithwyr Cory, Cwm Rhondda yn fuddugol yng nghystadleuaeth y bandiau.

Daeth corau o America, Canada a Seland Newydd i lwyfan y pafiliwn ar y dydd Mercher ac am y tro cyntaf roedd pobl ar draws y byd yn dod i wybod am yr Eisteddfod fel sefydliad diwylliannol rhyngwladol. Enillwyd y brif gystadleuaeth gorawl gan Gymdeithas Gorawl Port Talbot.

Gellir dychmygu anterth yr wythnos ar y dydd Iau fel diwrnod arbennig o gofiadwy o dan heulwen Awst. Roedd 14,000 yn bresennol, a David Lloyd George yn arwain digwyddiadau'r prynhawn. Erbyn 1929 ef oedd yr Aelod Seneddol oedd wedi gwasanaethu am y tymor hiraf ar y pryd yn y Tŷ Cyffredin. Darlledwyd cyngerdd cerddorol awr a hanner o hyd ar donfedd Radio'r BBC a gynhwysai araith gan Dr Robert Jones, y meddyg orthopaedig a oedd yn aelod o deulu meddygon esgyrn Hugh Owen Thomas.

Pan ddaeth Eisteddfod Sefton Park i ben ar y prynhawn Sadwrn roedd dros 60,000 wedi mynychu'r pafiliwn. Dyma'r cyfnod pan oedd pobl yn mynychu sinemâu am y tro cyntaf a gwelwyd Pathe News yn arddangos ffilmiau byr o ddigwyddiadau mawr y deyrnas. Gwglwch 'Eisteddfod Sefton Park 1929' a chewch wylio'r Orsedd yn ymgynnull ynghanol y parc a hynny ar ffilm Pathe News.

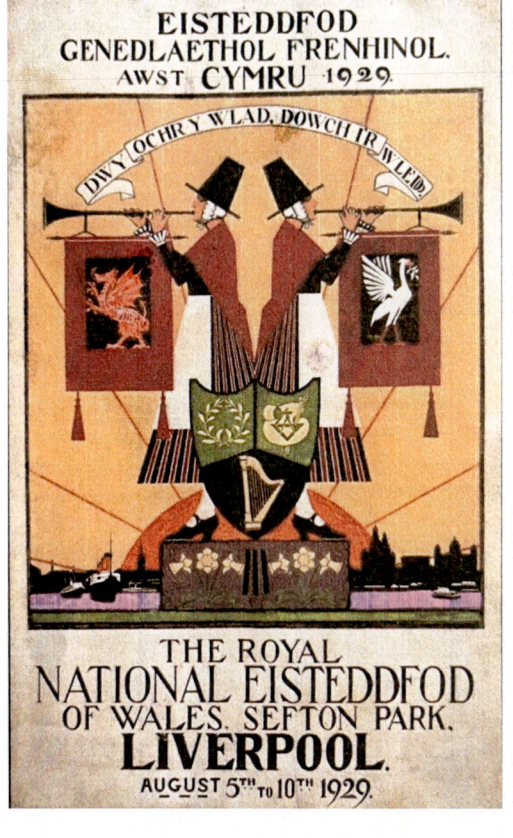

Mynwent Parc Toxteth (Smithdown Road)

Ymlaen â ni o Sefton Park rhyw filltir a hanner i'r gogledd ac anelu am Smithdown Road. Mae Smithdown Road yn rhedeg o ben uchaf Parliament Street i lawr tuag at berfeddion Toxteth. Gallwch gerdded oddi wrth fynedfa ogleddol Sefton Park drwy strydoedd Croxteth Road a Hartingdon Road ac fe ddylech gyrraedd un o'r ddwy brif fynedfa i **Fynwent Parc Toxteth** 6 mewn chwarter awr. Os am gyrraedd yma mewn car gallwch barcio ar un o'r strydoedd sydd dros y ffordd i brif fynedfa'r fynwent (yr ochr ogleddol). Un ohonynt yw Webster Road lle safai un o'r capeli Cymraeg enwocaf cyn iddo gael ei ddymchwel ar ddechrau'r 70au.

I bwrpas y rhan yma o'n taith mi ganolbwyntiwn ar y fynwent ei hun. Mae rhai miloedd o Gymry wedi eu claddu yma allan o gyfanswm o tua 200,000 o gladdedigaethau. I'n pwrpas ni, byddwn yn

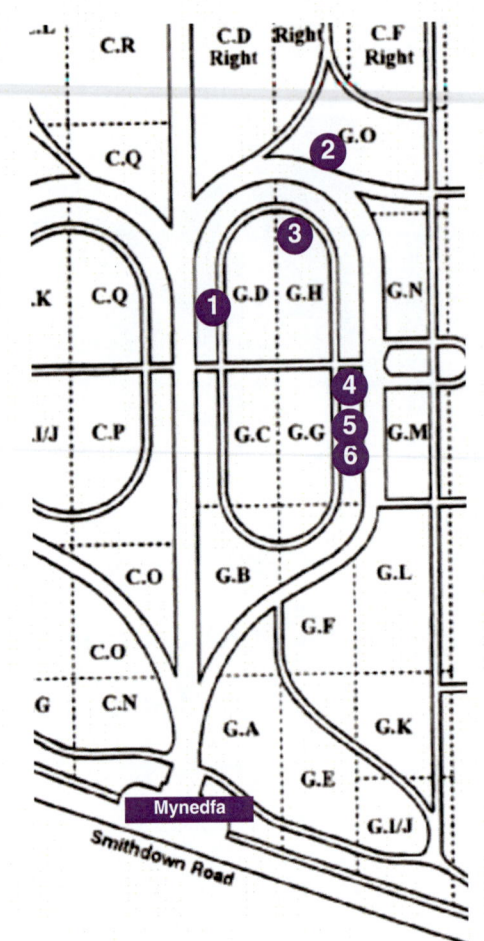

Rhai o feddau'r Cymry ym Mynwent Parc Toxteth

1 Hugh Owen Thomas, y meddyg esgyrn
2 William Rathbone, Aelod Seneddol Arfon
3 Harry Evans, y cerddor
4 Peter Williams, Brymbo
5 Eliezer a Mary Pugh, marchnatwyr cotwm
6 Gwilym Hiraethog (William Rees), llenor

QR 5 *Cliciwch ar y côd QR yma i weld ffilm o gyflwyniad Gari Wyn ym Mynwent Parc Toxteth*

Mynwent Toxteth Park

canolbwyntio ar adrannau'r anghydffurfwyr sef y 'General Sections' ac yn arbennig adran GEN **D** a GEN **H** a GEN **G**. Cymerwch bum munud i astudio'r cynllun cyn cychwyn cerdded. Mi fyddwch yn canolbwyntio ar ran ganolog y fynwent ac yn cerdded o'r brif fynedfa ar hyd y llwybr llydan tarmac sy'n rhedeg mewn llinell syth i lawr y canol. Rydw i am ganolbwyntio ar hanner dwsin o feddau rhai o'r unigolion mwyaf dylanwadol yn holl hanes y Gymru fodern. Nid gormodiaith yw dweud hyn.

Mae'r chwe bedd rydw i wedi dewis ymweld â nhw yn cael eu dangos a'u henwi ar y map gyferbyn.

Mae dod o hyd i feddau mewn mynwent o faint Smithdown Road yn broses gymhleth ac wedi cymryd sawl ymdrech a sawl ymweliad â Lerpwl i mi (a Modlen fy ngwraig)! Cymaint felly nes iddi ddweud sawl gwaith bellach nad ydi hi isio gweld mynwent eto tra bo hi'n fyw! Wedi dweud hynny mae canfod man gorwedd unigolion mor ddylanwadol yn rhywbeth sy'n rhoi gwefr a boddhad i'r rhan fwyaf ohonom.

**1. Hugh Owen Thomas,
y meddyg esgyrn**

O brif fynedfa fawr Smithdown Road cerddwn ymlaen am ryw 250 llath ar y llwybr unionsyth lawr y canol ac ar y dde, reit ar fin y llwybr fe ddewch at garreg wenithfaen fawr olau ac ysgrifen euraidd arni a'r geiriau agoriadol:

Hugh Owen Thomas
Surgeon of this city
Born 23rd of August 1934
Died 6th January 1891

Er bod llawer o'r beddargraffiadau i Gymry Lerpwl yn Saesneg roeddynt yn ymfalchïo yn eu hiaith a'u diwylliant am sawl cenhedlaeth. Nid tan ddiwedd yr Ail Ryfel Byd a dirywiad cynyddol y capeli y gwelwyd yr iaith Saesneg yn meddiannu'r aelwyd.

Mae teulu meddygon esgyrn Môn yn destun cyfrolau ac ysgrifau lu. Yn hanu o Fodedern, roedd teulu Hugh Owen Thomas eisoes wedi gwneud enw iddynt eu hunain fel meddygon hunan-addysgedig. Symudodd ei dad i Lerpwl yn 1835 (Evan Thomas 1804–1884) ac ar ôl gweithio am gyfnod mewn ffatri yn ardal Vauxhall dechreuodd bractis preifat yn trin anafiadau esgyrn a chymalau, yn 72 Great Crosshall Street. Ei wraig oedd Jane Owen, Ty'n Llan, Bodedern. Magodd y ddau bump o feibion fel meddygon. Buont oll yn astudio yng Ngholeg Meddygol Caeredin. Yr enwocaf ohonynt oedd Hugh Owen Thomas.

Wedi cyfnod fel llawfeddyg yn Llundain a Paris dychwelodd i Lerpwl yn 1866 a chydweithiodd gyda'i dad i sefydlu ysbyty bychan yn 11 Nelson Street. Roedd ganddynt ôf a saer coed yn creu y sblintiau, y *pulleys* a'r offer (a gynlluniwyd gan Hugh ar gyfer ail-asio esgyrn clwyfedig). Daeth ei enw yn nodedig yn y ddinas a daeth yn arwr ymhlith teuluoedd gweithwyr oedd wedi eu hanafu mewn damweiniau yn eu gweithleoedd. Cyhoeddodd gyfrol nodedig yn 1875 *Diseases of the Hip, Knee and Ankle Joints*. Bu farw wedi gorweithio yn 57 mlwydd oed. Ni chydnabuwyd mawredd ei waith tan y llwyddodd Syr Robert Jones (ei nai) i ledaenu ei ddysgeidiaeth yn ystod y Rhyfel Mawr. Dyma pryd y daeth y 'Thomas Caliper' yn fodd i achub miloedd ar feysydd y gad. Mae'r teclyn hwnnw yn cael ei ddefnyddio hyd heddiw ar draws y byd. Cyfeiriodd David Le Vay ato yn ei fywgraffiad ohono fel hyn:

'He was known to every working man of Liverpool.'

Mae cwpled gan R. M. Davies (y bardd Erfyl) yn crynhoi ei gyfraniad i'w ddinas hefyd:

Mewn dawn, gŵr mwya'n dinas,
Er hyn i gyd gwna ran gwas.

2. William Rathbone, Aelod Seneddol

Ymlaen â ni rŵan a throi'r gornel ar hyd y llwybr tarmac yn raddol ac ar dro i'r dde ymhen canllath. Edrychwch 30 metr i mewn i blith y beddfeini ac fe welwch un o gerrig beddau uchaf y fynwent.

Dyma fedd William Rathbone VI, aelod o deulu amlwg yn hanes y ddinas (roedd yn un o chwe chenhedlaeth o'r teulu a elwid yn William). Daw ei gyswllt â

Chymru i'r amlwg yn 1880 pan etholwyd ef yn Aelod Seneddol newydd dros ran ogleddol Sir Gaernarfon. Roedd yn Rhyddfrydwr radical ac yn un o'r unigolion dylanwadol a fu'n gyfrifol am sefydlu Prifysgol Bangor yn 1884. Gyda chymorth Syr Henry Jones (o Langernyw yn wreiddiol), aethpwyd ati i sefydlu siarter y Brifysgol ac aeth ymlaen i hyrwyddo'r Mesur Addysg Canolraddol i Gymru yn 1889. Galwodd yn arbennig am fwy o addysg dechnegol i'r ieuenctid, yn arbennig yn Nyffryn Ogwen. Roedd Mary Frances Rathbone, un o'r merched cynnar amlwg o fewn llywodraethiant y Brifysgol ym Mangor, yn ferch i Richard Rathbone, cefnder William. O'i chartref yn Llandegfan bu hithau yn allweddol yn hanes datblygiad addysg yng ngogledd Cymru.

Roedd William Rathbone hefyd yn allweddol yn hanes sefydlu Prifysgol Lerpwl (1882) a gwnaeth lawer o waith i wella'r proffesiwn nyrsio a wyrcws tlodion ar hyd a lled y ddinas.

3. Harry Evans, y cerddor

Yn ôl â ni i'r llwybr tarmac ac ar y chwith, wrth inni gerdded ymlaen a chyrraedd pen y gornel, reit ar ochr chwith y llwybr, fe ddown at garreg fedd drawiadol y cerddor Harry Evans.

Wedi iddo ddod i sylw dinas Lerpwl yn ystod Eisteddfod Genedlaethol Lerpwl yn 1900 dechreuodd ar lwybr rhyfeddol. Erbyn 1903 roedd yn treulio'r rhan fwyaf o'i amser yma ac fe gyflogwyd ef i fod yn arweinydd yr Undeb Gorawl Gymreig ar gyfer Cymry'r ddinas. Mae'r Undeb Gorawl hon yn dal i fodoli heddiw. I bobl Lerpwl y tu allan i'r Gymdeithas Gymreig daeth ei enw yn gyfarwydd fel un o arweinwyr amlycaf Cymdeithas y Philharmonic.

Gelwid am ei wasanaeth gan wyliau cerddorol mwyaf Lloegr a'r Alban a daeth i gael ei gydnabod fel un o'r arweinwyr corawl gorau yn yr holl deyrnas. Yn 1913 penodwyd ef yn gyfarwyddwr cerdd Prifysgol newydd Bangor.

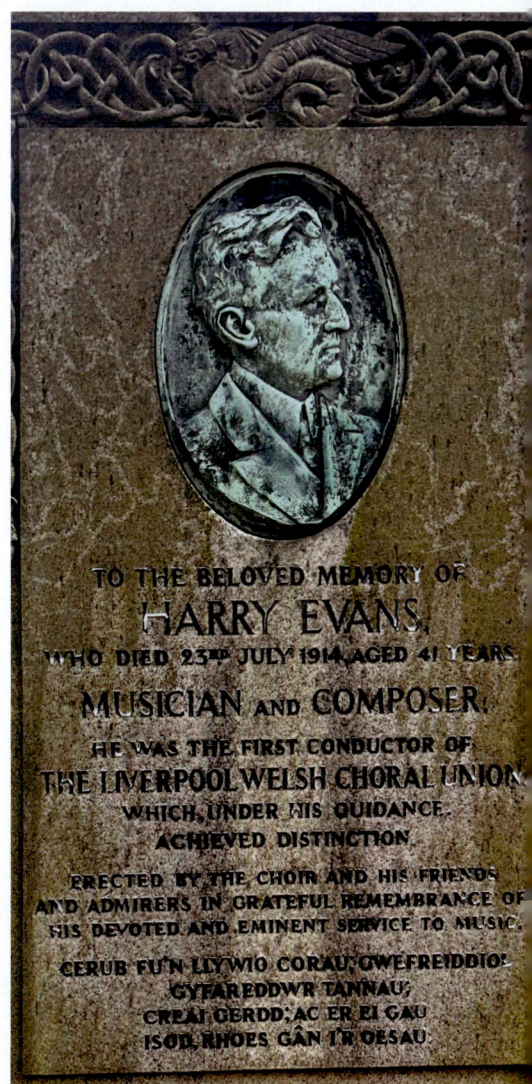

TO THE BELOVED MEMORY OF
HARRY EVANS,
WHO DIED 23RD JULY 1914, AGED 41 YEARS.
MUSICIAN AND COMPOSER.
HE WAS THE FIRST CONDUCTOR OF
THE LIVERPOOL WELSH CHORAL UNION
WHICH, UNDER HIS GUIDANCE
ACHIEVED DISTINCTION.
ERECTED BY THE CHOIR AND HIS FRIENDS
AND ADMIRERS IN GRATEFUL REMEMBRANCE OF
HIS DEVOTED AND EMINENT SERVICE TO MUSIC.
CERUB FU'N LLYWIO CORAU GWEFREIDDIOL
GYFAREDDWR TANNAU;
CREAI GERDD; AC ER EI GAU
ISOD, RHOES GÂN I'R OESAU.

Cyfansoddodd emynau a thonau a threfnodd laweroedd o alawon ar gyfer corau. Ac yntau yn 41 mlwydd oed fe glafychodd cyn iddo allu gwireddu breuddwyd mawr ei fywyd o sefydlu Coleg Cerddorol i Gymru. Gellir yn bendant ei gyfrif yn un o gerddorion mwyaf ein hanes.

Rydan ni bellach wedi cerdded at ddechreuad y llwybr tarmac sy'n anelu'n ôl tuag at y brif fynedfa. Hanner canllath ymlaen o feddfaen Harry Evans ar yr ochr dde i'r trac sylwch ar garreg fedd wenithfaen frown/binc, o bosib carreg fedd uchaf yr holl fynwent. Yma y gorwedd **4. Peter Williams, Brymbo** – un o flaenoriaid cynharaf sedd fawr Capel Princes Road. Roedd ymhlith y cyfoethocaf o holl bobl busnes Lerpwl ac yn berchen ffatri ddillad oedd yn cynhyrchu 'oilskins', sef dillad gwaith caled, gloyw ar gyfer gwrthsefyll stormydd, a hylifau cemegol.

Mae'r garreg fedd yn ymgyrraedd i'r entrychion ac efallai yn adrodd cyfrolau am ego y Cymry hynny oedd yn llwyddo yn y byd ariannol.

5. Eliezer a Mary Pugh

Oddi yma awn ymlaen ar hyd y llwybr a bellach anelu'n ôl i gyfeiriad y brif fynedfa. Wedi cerdded hanner canllath a chadw eich golwg ar ymyl dde y tarmac fe gyrhaeddwn fedd llechen ddu yn gorwedd o dan goeden fechan a'r garreg ddwylath o hyd yn sefyll fel crib to tŷ ar ei gwastad. Dyma Eliezer Pugh, Dolgellau, y marchnatwr cotwm y buom yn ei drafod wrth ymweld â'r Exchange Square yn ystod y daith gyntaf, a'i gartref yn 16 Falkner Street.

Dyma philanthropydd yng ngwir ystyr y gair. Bu ei gyfraniad ef a'i wraig Mary (nee Mills) (1858–1898) o Lanidloes yn hollbwysig yn hanes capel Cymraeg Chatham Street ac yn allweddol yn hanes sefydlu'r Genhadaeth yn Lerpwl a'r Bresbyteriaeth Gymreig yn gyffredinol. Yn Kent Square y trefnwyd y genhadaeth ar

Tywys criw o Gymry i fynwent Toxteth, Rhagfyr 2022

gyfer merched tlawd o Gymru ac yno roedd Mary yn un o'r arweinyddion cyntaf. Yn rhif 114 Myrtle Street ger Capel Chatham bu Mary hefyd yn weithgar yn gwarchod ac estyn lletý ar gyfer merched Cymreig oedd wedi gorfod troi at buteinio er mwyn eu cynhaliaeth. Mae hanes y genhadaeth Gymreig wedi ei groniclo yn wych yng nghyfres y Dr D. Ben Rees, *Llestri Gras a Gobaith*, lle ceir crynodebau byr o hanes yr unigolion a'r sefydliadau a'r lleoliadau perthnasol a fu mor ddylanwadol ar hyd a lled y ddinas ac ar draws y byd.

Magwyd Eliezer Pugh (1815–1903) yn Nolgellau a symudodd i weithio ym mhorthladd Lerpwl yn 13 mlwydd oed. Erbyn 1845 roedd yn berchen cwmni masnachu cotwm ac yn rhoddi dros £1,000 bob blwyddyn at achosion da yn ymwneud â chapeli Chatham a Mulberry Street (dau gapel oedd wedi eu lleoli yn agos at ei gartref yn 16 Falkner Street). Soniwyd amdano yn yr ail daith wrth inni gerdded heibio ei gartref. Dyma enghraifft o'r pethau gorau a gynrychiolwyd gan ymroddiad y Cymry hynny oedd yn mentro mewn busnes. Dengys tystiolaeth adroddiad *Y Faner ac Amserau*, wrth grynhoi hanes ei angladd, ei fod yn arweinydd gwylaidd diwyd a dirodres (rhifyn 23ain Rhagfyr 1903). Gallwch ddarllen yr adroddiad ar safle we'r Llyfrgell Genedlaethol (Cyfnodolion ar-lein).

Mae'n ffaith eironig nad yw Eliezer a Mary Pugh wedi cael eu cofnodi yn *Y Bywgraffiadur Cymreig*.

6. Gwilym Hiraethog (**William Rees**), llenor

Anterth a diweddglo ein taith fer o gwmpas mynwent Smithdown yw cyrraedd beddfaen un a fu'n arwr o fewn hanes Cymru i mi, ac i bob un sy'n ymfalchïo yn ein cenedligrwydd a'n hiaith. Mae'r bedd o fewn llathenni i fedd Eliezer Pugh. Dyma ŵr a gyfrannodd yn helaeth at greu y diwylliant Cymreig traddodiadol sy'n dal yn rhan mor annatod o wead y Cymro cyfoes.

Brawd ieuengaf Henry Rees, Gweinidog Chatham, oedd William Rees. Ganed y ddau ar fferm Chwibren Isaf, plwyf Llansannan, Hiraethog. Gwladwr hunan-addysgedig oedd William, fel ei frawd. Dysgodd y gynghanedd a chyn ei fod yn 20 mlwydd oed cyfrifid ef yn fardd o safon cenedlaethol. Wedi cyfnod o bregethu mewn capeli ledled Sir Ddinbych daeth yn weinidog ym Mostyn ac yn Ninbych cyn derbyn galwad i'r Tabernacl ar Great Crosshall Street, Lerpwl yn 1843. Erbyn 1867 roedd yn weinidog ar gapel

Gwilym Hiraethog

enwog Grove Street. Saif rhan o'r Brifysgol ar y safle hwnnw heddiw.

Er cymaint ei gyfraniad i grefydd ac i farddoniaeth, ei ddaliadau gwleidyddol Rhyddfrydol a'i waith i hybu a sefydlu newyddiaduraeth Gymraeg fodern sy'n sefyll fel cofadail iddo. Yn 1843 ac yntau newydd ddechrau ei weinidogaeth yn y Tabernacl gweithiodd law yn llaw â John Jones yn ei wasg ym mhen uchaf Castle Street (rhif 9) i sefydlu papur newydd arloesol *Yr Amserau*. Cyhoeddwyd *Yr Amserau* bob pythefnos o dan olygyddiaeth Gwilym Hiraethog. Ymgymerodd ei hun gyda'r gwaith cyhoeddi ac argraffu.

Bu'n agos i'r *Amserau* fynd a'i ben iddo yn 1844 ond dechreuodd Hiraethog gyhoeddi colofn boblogaidd 'Llythyrau 'Rhen Ffarmwr'. Cododd lais dros y Gymru wledig a daeth yn arwr yng ngolwg Rhyddfrydwyr cynnar Cymru. Erbyn 1848 roedd *Yr Amserau* yn wythnosolyn ac yn 1859 unwyd y papur gyda *Baner Cymru* i greu *Baner ac Amserau Cymru*. Gellir dadlau mai Gwilym Hiraethog yw tad newyddiaduraeth Gymraeg fodern.

Creodd ddeffroad gwleidyddol ymhlith cymunedau Cymreig gogledd Cymru ac addysgodd ei ddarllenwyr am wleidyddiaeth Ewrop. Drwy dudalennau'r *Amserau* trafodwyd y berthynas rhwng crefydd a gwladwriaeth a phleidiodd ryddid caethweision America. Cyhoeddodd lyfr *Aelwyd F'ewythr Robert* oedd yn addasiad o *Uncle Tom's Cabin*. Cyhoeddodd ddetholiad o emynau William Williams Pantycelyn yn

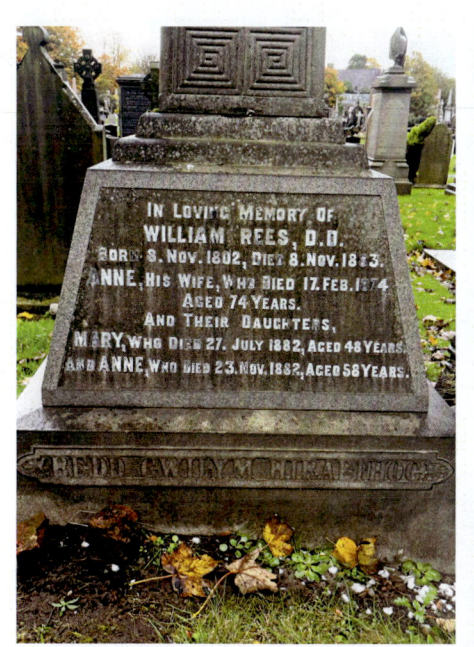

1847 o dan y teitl *Pêr Ganiedydd* a chynhwysodd rai o'i emynau ef ei hun yn yr atodiad. Ble well felly i ddirwyn y daith yma i ben nag wrth fedd Gwilym Hiraethog a chanu ei emyn enwocaf:

> Dyma gariad fel y moroedd
> Tosturiaethau fel y lli:
> T'wysog bywyd pur yn marw,
> Marw i brynu'n bywyd ni:
> Pwy all beidio â chofio amdano?
> Pwy all beidio â thraethu'i glod?
> Dyma gariad nad â'n angof
> Tra bo nefoedd wen yn bod.

Yn 1884 cynhaliwyd y gyntaf o'r tair Eisteddfod Genedlaethol a drefnwyd yn y ddinas. Testun yr awdl oedd 'Gwilym Hiraethog' a'r bardd buddugol oedd Dyfed (Evan Rees o Aberdâr). Mae'r ffaith iddo gael ei enwi fel testun cystadleuaeth cadair y Genedlaethol yn brawf o'r parch a roddwyd iddo am ei gyfraniad i'w wlad a'i iaith.

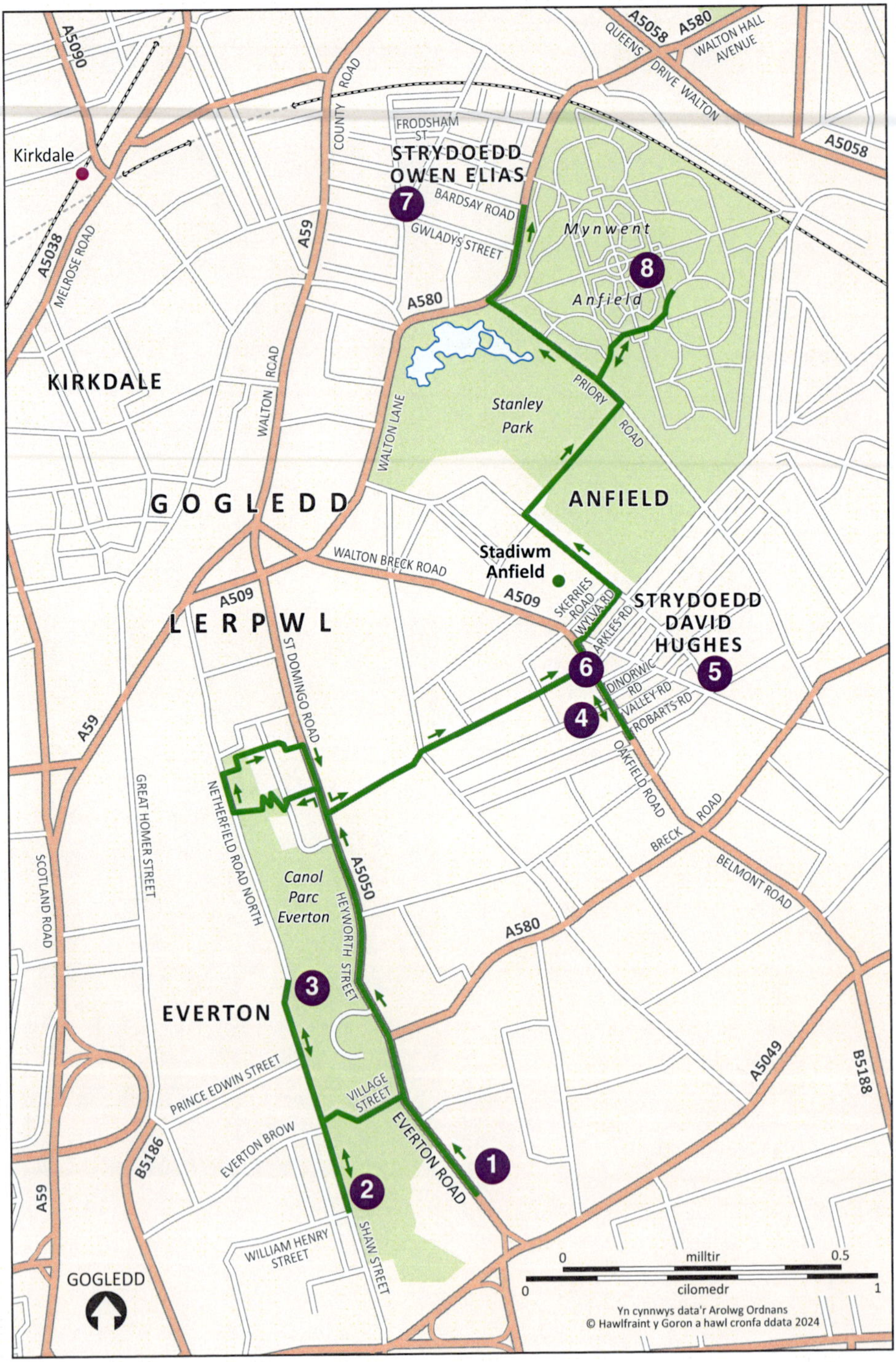

A5090
COUNTY ROAD
FRODSHAM ST
STRYDOEDD OWEN ELIAS
7
BARDSAY ROAD
GWLADYS STREET
A5058
A580
QUEENS DRIVE WALTON
WALTON HALL AVENUE
A5058
Mynwent Anfield
8
Kirkdale
A5038
MELROSE ROAD
A59
A580
KIRKDALE
WALTON ROAD
WALTON LANE
Stanley Park
PRIORY ROAD
ANFIELD
GOGLEDD
WALTON BRECK ROAD
Stadiwm Anfield
A509
A509
SKERRIES ROAD
WYLVA RD
ARKLES RD
STRYDOEDD DAVID HUGHES
5
LERPWL
6
DINORWIC RD
VALLEY RD
ROBARTS RD
4
ST DOMINGO ROAD
A59
GREAT HOMER STREET
NETHERFIELD ROAD NORTH
OAKFIELD ROAD
BRECK ROAD
BELMONT ROAD
Canol Parc Everton
A5050
HEYWORTH STREET
SCOTLAND ROAD
A580
3
EVERTON
PRINCE EDWIN STREET
VILLAGE STREET
A5049
B5188
EVERTON BROW
EVERTON ROAD
1
B5186
2
A59
SHAW STREET
WILLIAM HENRY STREET
GOGLEDD
0 milltir 0.5
0 cilomedr 1
Yn cynnwys data'r Arolwg Ordnans
© Hawlfraint y Goron a hawl cronfa ddata 2024

Y Bedwaredd Daith

Y gogledd: Lleoliadau a strydoedd yn Anfield ac Everton, hyd at ymylon Bootle, Walton a Kirkdale. Dechrau ar Everton Road uwchben Parc Everton lle safai Everton Village. Ymlaen i strydoedd David Hughes, Cemaes o gwmpas stadiwm Lerpwl ac yna ymlaen tuag at stadiwm Everton yn Goodison ac ar hyd strydoedd arloesol Owen Elias o Fôn.

Rhan olaf y daith hon fydd ymweliad â Mynwent Anfield a beddfeini rhai o'r Cymry amlwg sydd yno. Gellir trin y daith hon fel un annibynnol os y dymunwch.

Rhagarweiniad i'r daith

Symudwn rŵan tua'r gogledd am ein pedwaredd antur drwy Lerpwl y Cymry. Byddwn yn dechrau yn ne Everton gan ymlwybro drwy Barc Everton ac yna torri ar draws tua'r gorllewin ac anelu tuag at yr ardal sy'n cynnwys maes pêl-droed Anfield.

Mae'n bwysig, cyn cychwyn, inni ddeall bod Anfield yn hanesyddol yn rhan o ardal Everton ac yn gorwedd hanner milltir i'r gogledd o leoliad hen bentref Everton. Rhwng 1884 ac 1891 Everton oedd yr unig dîm pêl-droed o bwys yn yr ardal a'u maes chwarae oedd Anfield. Oherwydd anghytundeb gyda pherchennog y tir, sef John Houlding, symudodd y tîm i ddarn o dir segur yn ardal Goodison a phenderfynodd Houlding ddechrau tîm newydd Liverpool F.C.

Byddwn yn crwydro o Everton Road ac yn ymweld ag ardaloedd sy'n frith o strydoedd a godwyd gan adeiladwyr o Gymru. Yn sgil eu dyfodiad ar ddechrau'r cyfnod Fictorianaidd gwelwyd trefedigaeth o ymsefydlwyr yn hel at ei gilydd. Ochr yn ochr â miloedd o Wyddelod dyma ddechreuad acen y Sgowsar. Roedd y Gymraeg yn iaith fyw ar y strydoedd newydd yma a gwelwyd capeli anghydffurfiol a busnesau amrywiol yn gwneud defnydd llawn o'r iaith Gymraeg.

Cyn ichi gychwyn ar eich taith, buddiol fyddai ichi astudio'r map gyferbyn o'r holl ardal gan nodi nad oes yna ddim ond ychydig o gaeau rhwng Maes Anfield a hen faes Parc Goodison. Dyma Barc Stanley. Mae Priory Road yn rhedeg o gwr deheuol lleoliad stadiwm Goodison Park i lawr at ochr ddwyreiniol stadiwm Anfield. Ar ochr ddwyreiniol Priory Road saif mynwent fwyaf Lerpwl sef mynwent Anfield.

Byddwn yn ymweld â nifer o feddfeini Cymry amlwg y ddinas yn ystod rhan olaf y daith ac os dewiswch, gallwch drin yr ymweliad â mynwent Anfield fel taith ar wahân gan fod yno gymaint o hanes sy'n dadlennu cyfraniad y Cymry i'r ddinas ac i ogledd Cymru a'r byd. Gallech yn hawdd dreulio prynhawn cyfan yn y fynwent hon. Mae hi'n orlawn o hanes Cymru ac mae'r beddfeini perthnasol yn weddol hawdd i'w canfod.

Dechrau yn 47 Everton Road

Rydw i am osod man cychwyn y daith yma o flaen tŷ Sioraidd rhif **47 Everton Road** ① sy'n sefyll rhyw hanner milltir i'r de o Barc Everton ar y groesffordd gyda Lytton

47 Everton Road, cartref y ffotograffydd John Thomas

Enghraifft o bortreadau John Thomas o weinidogion Lerpwl

Street. Dyma ganolfan fusnes a gynhyrchodd waith a fu'n allweddol i gofnodi hanes y Gymru fodern. Dyma gartref y ffotograffydd John Thomas a dyma felly bencadlys y Cambrian Gallery. Ganed John Thomas yn Glanrhyd, Llanfair Clydogau ger Llanbedr Pont Steffan ac addysgwyd ef yn ysgol bentref Cellan.

Wedi bwrw prentisiaeth fel dilledydd yn Llanbed mentrodd ar y siwrnai hir i ddinas Lerpwl a gweithiodd am ddegawd cyfan mewn siop ddillad. Wedyn dechreuodd werthu adnoddau ysgrifennu a lluniau o enwogion Lloegr, yn arbennig felly y lluniau ffasiynol hynny a elwid yn *cartes de visite*, sef ffotograffau o unigolion nodedig yn mesur tua 3 modfedd wrth 2 fodfedd.

Gwelodd nad oedd Cymru eto wedi cael ei chofnodi mewn ffotograffau a dysgodd sut i drin y camerâu trwm cyntefig oedd ar gael. Dechreuodd werthu ei luniau o dan faner y Cambrian Gallery. Erbyn 1875 roedd ganddo fusnes llwyddiannus yn gweithredu o 47 Everton Road. Ymhlith ei ffotograffau cynnar mwyaf nodedig mae lluniau o weinidogion a blaenoriaid capeli anghydffurfiol Lerpwl.

Dyma agorodd y drws iddo ddechrau crwydro trefi a phentrefi Cymru. Golygai waith caled a chanfod ogofâu a stafelloedd tywyll i allu datblygu ei luniau mewn mannau lle na allai goleuni dreiddio iddynt. Ymhlith rhai o'i luniau cynnar enwocaf yng Nghymru ceir hwnnw o feirdd Eisteddfod Genedlaethol Rhuthun yn 1868. Drwy hysbysebu ei gynnyrch yng nghyfnodolion Cymru gwerthodd filoedd o luniau a hynny mewn cyfnod pan oedd ffotograffiaeth mor chwyldroadol ag oedd dyfodiad y we yn ein cyfnod ni. Ychydig cyn iddo farw yn 1905 detholodd John Thomas dros 3,000 o negyddion platiau ffotograffig allan o'i gasgliad o filoedd ar filoedd oedd wedi eu cadw yn 47 Everton Road. Gwerthodd hwy yn rhad i O.M. Edwards ac yn ddiweddarach pasiwyd nhw ymlaen i'r Llyfrgell Genedlaethol gan Syr Ifan ab Owen Edwards. Mae'r casgliad yma bellach wedi ei ddigideiddio ac ymhlith ein trysorau hanesyddol pwysicaf, a gellir ei werthfawrogi ar safle we y Llyfrgell Genedlaethol.

Yn ystod ei yrfa cofnododd John Thomas bob agwedd ar y Gymru Fictorianaidd. Dyma ein ffynhonnell fyw i ffasiwn dillad ac i fywyd bob dydd y Cymro gwerinol a'r anghydffurfwyr capelyddol. Heb ei waith ni fyddai gennym ddarluniau o Michael D. Jones, Gwilym Cowlyd na Samuel Roberts, gweinidogion enwog Lerpwl, pentrefi Cymru, strydoedd trefi, elusendai, ffeiriau, tafarnau, bythynnod a phob math o adeiladau a digwyddiadau sy'n cyfleu bywyd bob dydd rhwng 1870 a 1905. Roedd yn amlwg wedi sylweddoli bod ganddo genhadaeth i roi yr oes ar gof a chadw. Dangosodd inni hefyd gynnydd economaidd y cyfnod drwy gyfrwng lluniau o siopau, banciau a swyddfeydd post.

Yn ddi-os fe ddylai fod plac yn gofeb iddo ar 47 Everton Road. Yr eironi mwyaf ar adeg sgwennu'r bennod hon yw bod ei garreg fedd ym mynwent Anfield wedi cwympo ar ei hwyneb ac ni ellir gweld yr arysgrifiad sydd arni. Cawn ymweld â hi maes o law.

Parc Everton

Ymlaen â ni ar hyd Everton Road tua'r gogledd am ryw hanner milltir ac fe fyddwn yn sefyll uwchben Parc Everton.

Pan welwch yr arwydd 'Village Street' ar y chwith, sef y stryd sy'n torri ar draws Parc Everton yn ôl i gyfeiriad gogledd Cymru, cerddwch i lawr ar hyd y pafin ac ar i lawr ar hyd yr allt enwog a adnabyddir

Safle Capel Fitzclarence ar ochr uchaf Parc Everton – bomiwyd y capel yn ystod y Blitz.

Y ddinas o Everton Brow. Roedd Capel Netherfield Road yn union o dan y safle hwn.

fel Everton Brow. Cyn cyrraedd gwaelod yr allt a gwaelod y parc fe fyddwch wedi pasio heibio hen safle yr enwog Toffee Shop ar y dde (llysenwyd y tîm pêl-droed ar ôl y siop melysion enwog oedd yn sefyll yma) a heibio twˆr bychan enwog Rupert's Tower (a adnabyddir weithiau fel y 'lock up') ar ochr chwith allt Everton Brow. Yno yr arferid cloi carcharorion yn ystod Rhyfel Cartref yr ail ganrif ar bymtheg.

Cyn manylu ar hanes Cymreig Netherfield Road cerddwch dri chanllath i lawr i'r chwith ar hyd Shaw Street. Yma ger gwaelod Parc Everton fe ddown at safle hen Eglwys Wyddelig St Augustine. Does dim ond cerrig a llwybrau ar y safle heddiw gan fod yr eglwys wedi ei dinistrio yn llwyr yn ystod Blitz 1941. Mae'r safle yn gorwedd ar ochr ogleddol Shaw Street tu ôl i'r ffens rheiliau haearn. I bwrpas ein hymweliad ni â'r safle mae yna gofeb sy'n fwy arwyddocaol. Camwch drwy'r giât haearn ac edrychwch i'r dde tuag at y gornel waelod, ger y goeden. Dyma leoliad **cerrig gorsedd Eisteddfod Genedlaethol Lerpwl 1884.** Dyma lle bu Clwydfardd yn archdderwydd a lle bu Hwfa Môn yn

Y maen llog ar safle hen Eglwys Wyddelig St Augustine yn Shaw Street.

*Y fynedfa addurniedig i'r parc yn ystod
Eisteddfod Genedlaethol 1884*

cyfarch y dorf. Cymerodd John Thomas y Cambrian lun o'r digwyddiad yn y lleoliad sy'n cynnwys y cerrig yma (sydd wrth gwrs o fewn hanner milltir i'w gartref yn 47 Everton Road). Mor wych fyddai cael plac i gofnodi yr achlysur.

Cerddwn rwan yn ôl ar hyd Shaw Street tua'r gogledd ac ail ymuno â Netherfield Road.

Netherfield Road South

Capel Netherfield Road

Netherfield Road

③ Dyma ni rŵan yn ymuno â **Netherfield Road** lle safai un o gapeli enwocaf hanes Lerpwl. Cerddwch tua'r gogledd am ryw 200 llath ar y pafin sydd ar ochr Parc Everton ac fe ddowch at y fan lle safai'r capel gwych a'i ddau dŵr yn syllu dros ganol y ddinas.

Yn 1907 peidiodd y capel â bod a throwyd ef yn gartref i ferched digartref. Bu hwnnw wedyn yn rhan bwysig o hanes ardal Everton tan y crëwyd y Parc Newydd ar ddiwedd y 1960au. Fel llawer o adeiladau mawreddog y ddinas fe gollwyd talp o hanes pan ddymchwelwyd yr adeilad.

Roedd y capel wedi sefyll am dros gan mlynedd. Fe'i hadeiladwyd rhwng 1858 ac 1860. Y Parch. John Parry oedd y gweinidog, ond wedi ei farwolaeth yn 1865 derbyniodd Dr Owen Thomas, Caergybi alwad i fod yn weinidog ar y capel. Roedd rhai o ddynion busnes mwyaf Lerpwl yn flaenoriaid ac yn gydsefydlwyr y capel. Nid y lleiaf yn eu plith oedd Owen Elias, yr adeiladwr a gododd rai miloedd o dai ac a gofir yn fwyaf arbennig am y strydoedd o gwmpas maes pêl-droed Goodison Park. Blaenor arall a chyfrannwr ariannol tebyg oedd Eleazar Roberts (llenor, cerddor a seryddwr). Cawn ymweld â beddau y ddau ŵr rhyfeddol yma ym mynwent Anfield.

Map yn dangos strydoedd Everton yn 1864

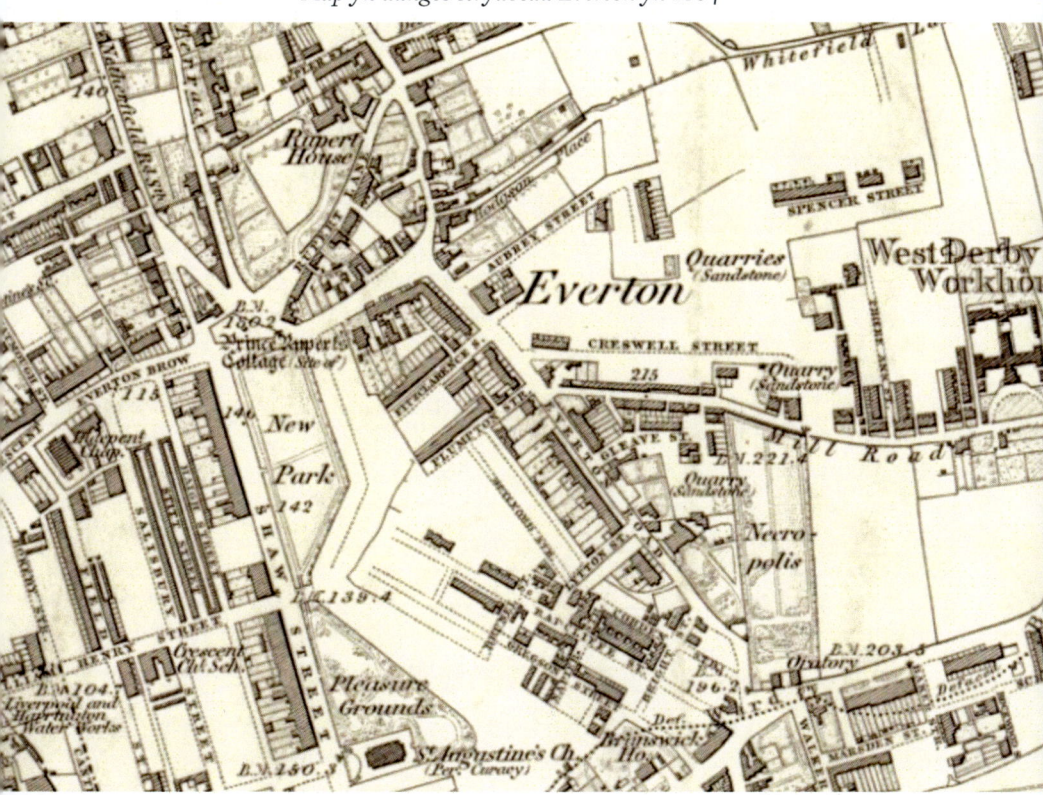

Bu Owen Thomas yn arweinydd diwyd a chynhyrchiol a phoblogaidd yn Netherfield Road cyn symud i weinidogaethu yn Princes Road. Roedd y parch a enillodd yn ystod ei gyfnod yn Jewin (Llundain) wedi'i ddyrchafu i fod mewn sefyllfa o statws uchel ymhlith ei aelodau ac o fewn y gymdeithas o gwmpas Everton. Roedd yn un o bregethwyr Methodist pwysicaf ac enwocaf Cymru yn ystod yr 19eg ganrif, ac ef o bosib oedd y disgybl amlycaf a feithrinodd John Elias.

Dyma un a gyfrifid yn rhyw fath o selebriti yn ystod ei oes ac a lwyddodd i ledaenu ei neges ymhlith y werin yn ogystal â bonedd uchel-ael amlwg Lerpwl. Teithiodd ar hyd a lled gogledd Cymru yn pregethu ac ymroddodd yn llwyr i'w waith. Collodd ei wraig Ellen Elizabeth yn 1867 gan adael pump o blant ifanc dan ei ofal. Wynebodd salwch a phrofedigaethau pellach pan gollodd fab 13 mlwydd oed. Wedi cyfnod o ymddeoliad byr oherwydd afiechyd fe ailafaelodd yn ei waith ac fe'i penodwyd yn weinidog Princes Road yn 1871.

Yn ôl i fyny drwy'r Parc

O Netherfield Road a safle'r capel trowch i fyny'r grisiau sy'n arwain i mewn i'r parc (mae'r grisiau hyn yn yr union fan lle byddai aelodau'r capel yn cael eu harwain yn eu cannoedd i'r oedfa ar y Sul). Yna daliwch i gerdded drwy'r parc nes y dowch allan ar yr ochr uchaf eto. Byddwch ar un ai Everton Road neu St Domingo Road (mae'r ddwy yn cydgysylltu). Oddi yma anelwch tuag at Stadiwm Anfield gan dorri ar draws y strydoedd sydd rhwng Parc Everton ac Oakfield Road. Y llwybr taclusaf i'w gymryd er mwyn gwneud hyn yw mynd ar hyd Hamilton Road ac ymlaen wedyn ar hyd Thirlmere Road. Mae'r ffordd hon yn eich arwain yn drefnus at briffordd Oakfield Road sy'n arwain o'r de i'r gogledd at brif fynedfa Stadiwm Anfield. Dylech allu cerdded o Everton Road at Oakfield Road mewn tua chwarter awr.

Oakfield Road ac Anfield

Un o gofebion pwysicaf yr adeiladwyr Cymreig o safbwynt eu cyfraniad i'r ddinas yw'r strydoedd sy'n eich wynebu ar ochr arall Oakfield Road. Dyma strydoedd David Hughes, Cemaes.

Tra byddwch ar Oakfield Road sylwch ar safle **Siop Frank Green**, yr artist, yn rhif 97. O'i stiwdio fechan o fewn dau canllath i faes pêl-droed Lerpwl cofnododd ddwsinau o hen adeiladau coll y ddinas. Mewn dyfrlliw fe sicrhaodd Frank bod adeiladau fel Capel Anfield Road wedi'u gosod ar ganfas ar gyfer yr oesoedd a ddêl.

Ar ben uchaf Oakfield Road, lle gwelwch orsaf betrol fawr, fe ddowch at y stadiwm ac fe welwch ddechreuad strydoedd David Hughes gyda Skerries Street ac Wylfa Street yn sefyll reit ger y Kenny Dalglish Stand. Ar dalcen y tŷ cyntaf yn Wylfa Street fe welwch wyneb Ray Clemence y gôl-geidwad mewn murlun.

Arwydd o berthynas agos rhwng Lerpwl, ac ardal Anfield yn arbennig, gyda'r hyn oedd yn digwydd yng Nghymru gan mlynedd yn ôl yw bod nifer o enwau trigolion y strydoedd hyn ar Ddeiseb Heddwch Merched Cymru yn 1924.

Siop Frank Green heddiw *Murlun Ray Clemence ar Wylfa Road*

95

Capel Cymraeg Anfield Road yn cael ei ddymchwel yn niwedd y 1970au

Stryd Gwladys – rhan o ddatblygiad strydoedd Owen Elias yn ardal Goodison (gweler map tudalen 100)

Tafarn yr Arkles ac Arkles Road yn Anfield

Map o strydoedd David Hughes (oddi isaf i'r stadiwm – o Wylfa Road hyd at Lillian Road)

Lle safai Capel Anfield Road, mae gorsaf betrol heddiw

Strydoedd David Hughes

5 Mae'r **strydoedd** nesaf oll wedi'u henwi ar ôl merched oedd yn aelodau o deulu **David Hughes** gan gynnwys Edith, Miriam, Gertrude, Elsie a Lillian. Rhown ychydig o funudau i ystyried diwydrwydd gweithwyr cwmni David a'i frawd Thomas. Cannoedd ohonynt yn Gymry Cymraeg o Fôn yn cydweithio i godi terasau o dai safonol ar gyfer pobl a theuluoedd dosbarth gweithiol y dociau a'r ffatrïoedd yn ardal Vauxhall. Codwyd y rhain i gyd yn ystod tri degawd olaf y bedwaredd ganrif ar bymtheg gyda sustemau dŵr a charthffosiaeth arloesol oedd yn gosod patrwm uchelgeisiol i holl adeiladwyr y ddinas.

Capel Anfield Road

6 Cymrwch gip ar y lluniau o safle hen **Gapel Methodist Anfield Road**. Hwn yn sicr oedd un o'r capeli mwyaf ac ynddo le i eistedd ar gyfer dros fil o gynulleidfa. Fe safai yn yr union fan lle saif yr orsaf betrol ar y gyffordd rhwng Oakfield Road a Breck Road. Roedd David Hughes, Cemaes yn Ynad Heddwch amlwg ac yn un o brif sefydlwyr y capel yma. Yn wir fe gyfrannodd yn hael at godi'r capel yn ogystal ag ariannu sefydliadau addysg amlwg fel y Coleg Normal a'r Brifysgol ym Mangor. Talodd am godi neuadd bentref ac ynddi lyfrgell ar gyfer pobl Cemaes a chododd blasty enfawr

HENADURIAETH LIVERPOOL (M.C.)

CYNHELIR Y

GYMANFA GANU FLYNYDDOL

YN

EGLWYS (M.C.) ANFIELD ROAD

NOS SADWRN, MAI 7, 1955
AM 7-0 O'R GLOCH

ARWEINYDD:
MR. W. MATTHEWS WILLIAMS, F.R.C.O.

ORGANYDD:
MR. ELWYN JONES, HEATHFIELD ROAD

iddo'i hun ar drwyn yr Wylfa yn yr union fan lle saif yr orsaf bŵer bresennol. Yng ngerddi'r plasty cynhaliwyd priodasau crandiaf hanes Ynys Môn; nid y lleiaf yn eu mysg oedd priodas Edith, ei ferch, a John Williams Brynsiencyn, gweinidog Capel Princes Road.

Ardal Goodison

Symudwn oddi wrth Anfield i gyfeiriad maes pêl-droed Goodison Park. Y ffordd hawsaf i wneud hyn yw cerdded drwy Stanley Park (y llain gwyrdd enfawr sydd rhwng y ddwy stadiwm) ac ar hyd Priory Road tuag at Goodison. Bwriadwn orffen y daith yma yn crwydro mynwent Anfield a'r beddfeini Cymreig sy'n amlwg mewn sawl adran ohoni. Yn wir gallech ddod i Lerpwl a threulio prynhawn yn y fynwent hon sy'n fan gorwedd olaf i dri chan mil o frodorion y ddinas.

Cyn ymweld â'r fynwent rydym am gerdded rhai o strydoedd enwog **Owen a William Elias**. Tad a mab ❼ yn hanu o Lanbadrig, Môn, oedd y ddau adeiladwr enwog yma. Daeth Owen i Lerpwl hefo wyth swllt yn ei boced ar long o Amlwch yn ddeunaw mlwydd oed yn 1825. Go brin bryd hynny y byddai'n disgwyl cael ei adnabod yn Lerpwl fel 'the King of Everton' cyn ei farwolaeth yn 1880. Seiri coed oedd llawer o'r rhai a ddaeth o ogledd Cymru i weithio yn y diwydiant adeiladu. Roedd Owen yn un a allai droi ei law at bob dim. Ar ôl gweithio fel

Roedd cyfran helaeth o blant strydoedd David Hughes ac adeiladwyr Abererch yn mynychu'r ysgol hon ar Anfield Road. Bu nifer o athrawon o Gymru yn gweithio yma ac roedd 30% o'r plant yn medru siarad Cymraeg yno ar ddechrau'r 20fed ganrif.

Un arall o furluniau strydoedd Anfield

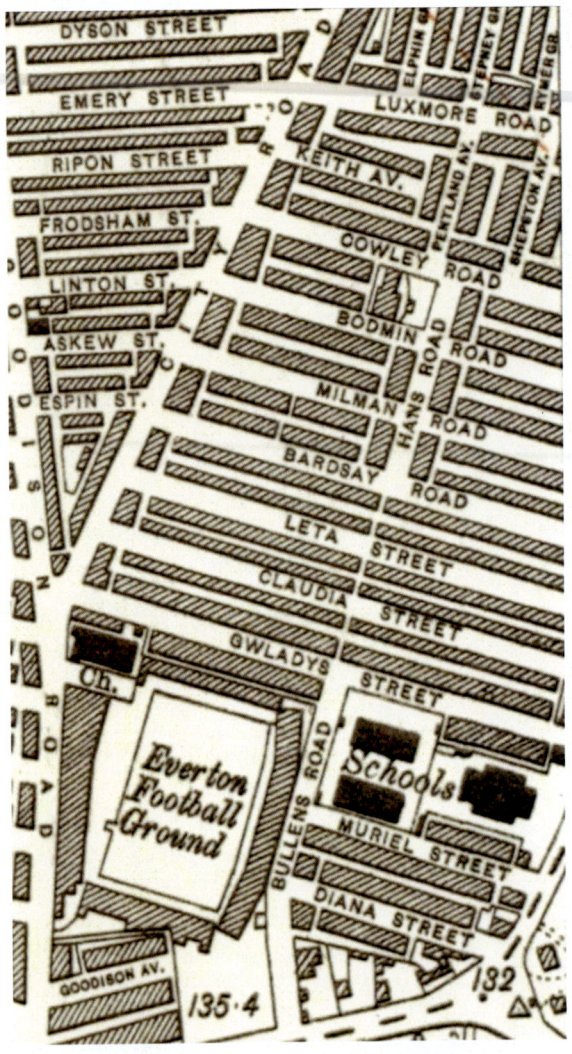

Strydoedd Cymreig wrth Barc Goodison

yn un o wŷr busnes cyfoethocaf y ddinas.

Gallwch gerdded y strydoedd a adeiladwyd ganddo ef a'i fab gan ddechrau o fewn canllath i safle prif fynedfa'r stadiwm bêl-droed. Roedd Owen Elias yn benderfynol o greu cynlluniau arloesol. Strydoedd gyda phafin llydan, tair llofft i fyny'r grisiau a baddon taclus yng nghefn y tŷ. Defnyddiai frics o ogledd Cymru a llechi o Wynedd. Tra'r oedd adeiladwyr Seisnig yn canolbwyntio ar siopau canol y dref ac adeiladau masnachol llwyddodd y Cymry i feddiannu'r byd adeiladu tai.

Ewch ar Google Earth a dilynwch y strydoedd sy'n dechrau hefo O (Oxton Street) i greu OWEN AND WILLIAM ELIAS.

Y stryd gyntaf oedd Oxton, Winslow oedd y nesaf, ac Eton oedd wedyn. Roedd y gyfres o strydoedd o gwmpas y stadiwm yn creu OWEN AND WILLIAM ELIAS. Wedi iddo orffen adeiladu'r strydoedd yma aeth y cwmni yn ei flaen i adeiladu degau o strydoedd yn ardal Walton ac o gwmpas hen bentref Everton. Roedd Owen Elias yn gynghorydd ar Gyngor Dinas Lerpwl ac yn un o brif noddwyr Capel Anfield Road ac achosion cenhadol. Cefnogodd y Coleg Normal, Bangor a bu ei fab William yn un o lywodraethwyr cyntaf Coleg y Brifysgol, Aberystwyth.

Roedd Owen Elias hefyd yn aelod saer maen a 'setar' (gosod cerrig sgwâr ar bafin a ffyrdd) penderfynodd brynu llecyn bychan (*plot*) ac adeiladu dau dŷ gweithwyr arno. Teimlai fod ganddo genhadaeth i ddarparu tai ar gyfer yr holl weithwyr oedd yn mudo i'r ddinas a dyma ddechreuad y busnes enfawr a'i gwnaeth

amlwg o'r Cyngor Dinesig a dengys tystiolaeth mai ef oedd y cyntaf i roi'r teitl 'Prifddinas Cymru' yn answyddogol i Lerpwl. Bu hefyd yn allweddol yn y symudiad i greu Cymdeithasau Adeiladu ar gyfer ariannu tai ac adeiladau yn Lerpwl ac yn arbennig yn ardal Everton.

QR 6 *Cliciwch ar y côd QR yma i weld ffilm o gyflwyniad Gari Wyn ar strydoedd Owen Elias, Parc Goodison*

Tafarn 'The Old Barn' ac Old Barn Street
(stryd a godwyd gan y brodyr William 'S', Ysgubor Hen, Abererch)

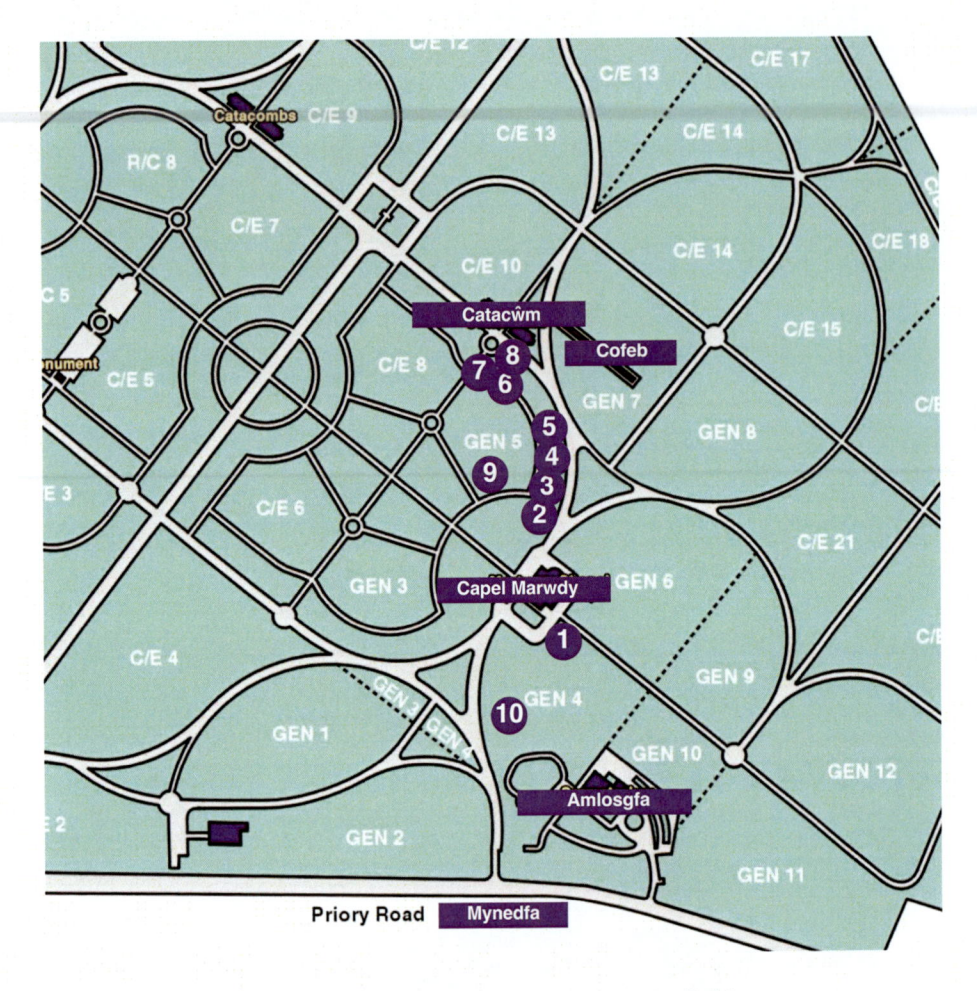

Rhai o feddau'r Cymry ym Mynwent Anfield

1 Alfred Lewis Jones, y perchennog llongau
2 David Hughes, Yr Wylfa
3 T.J. Hughes, y perchennog siopau
4 Richard Owen, y pensaer
5 Y Brodyr Venmore, asiantwyr tai
6 Y Parch. Owen Thomas a'i deulu
7 Y Parch Josiah Thomas, conglfaen
       y Gymdeithas Genhadol Gymreig
8 Y Parch. Griffith Ellis, Bootle
9 Eleazar Roberts, cerddor a seryddwr
10 John Thomas, y ffotograffydd a'r Athro William Thomas

8 Mynwent Anfield

Does unlle mwy addas i gloi ein teithlyfr o gwmpas Lerpwl na mynwent anhygoel Anfield. Yma y gorwedd dwsinau o Gymry amlwg a fu'n ddylanwadol yn y ddinas ac yng Nghymru. Mi af mor bell â dweud nad oes un fynwent arall yn y byd yn dal cymaint o fentergarwyr, llenorion ac arweinwyr crefyddol Cymreig.

Mae yma ddwsinau o gerrig beddau sy'n haeddu sylw ond rydw i wedi dewis 10 ohonynt. Beddau teulu cyflawn yw sawl un ohonyn nhw ond gwaetha'r modd unwaith eto does gennym fawr o wybodaeth benodol am y merched a'r gwragedd. Mae hyn wrth gwrs yn gamwedd ac yn feirniadaeth ar yr Oes Fictorianaidd yn ogystal ag yn adlewyrchiad ar wendid ein haneswyr traddodiadol. Prin iawn yw'r cofnodion am ferched o gwbwl yn nhudalennau'r *Bywgraffiadur Cymreig*. Ymddengys nad oedd hynny hyd yn oed yn faes trafodaeth ymhlith awduron a haneswyr fel R. T. Jenkins a Syr John Edward Lloyd, y ddau ohonynt â chysylltiadau agos â Lerpwl.

Gyda lwc, fe ddylech allu cael hyd i'r cerrig beddau y byddwn yn ymweld â nhw heb lawer iawn o drafferth, gan fod yr Anghydffurfwyr Cymreig yn gorwedd yn yr un adrannau a hynny mwy neu lai reit yn ardal ganolog y fynwent i'r gogledd o'r capel sy'n sefyll fymryn yn is i lawr i'r de na chanolbwynt y fynwent. Mae'r llwybrau tarmac yn hawdd i'w dilyn ac mae sawl un o'r cerrig beddau yma yn sefyll yn agos i'r llwybr.

Cerddwch i mewn i'r fynwent o'r fynedfa sydd ar Priory Road, sef y giât sydd hanner canllath i'r gogledd o'r fynedfa i mewn i Amlosgfa'r fynwent. Mae'r fynedfa ar draws y ffordd i gaeau glas Stanley Park. Oddi yma cerddwch ar y llwybr ymlaen at gapel canolog y fynwent (sydd tua dau canllath o'r fynedfa yma ar Priory Road). O fewn 10 metr i brif fynedfa'r capel hwn fe ddowch at fedd Syr Alfred Lewis Jones. Mae'n gorwedd o fewn 20 metr i wal ddeheuol y capel.

1. Alfred Lewis Jones, y perchennog llongau

Mae Cyngor Dinas Lerpwl wedi gosod paneli gwybodaeth gerllaw tua deg o feddau yn y fynwent oherwydd eu pwysigrwydd hanesyddol. Mae bedd Alfred (sef y Cymro ddaeth â'r bananas cyntaf i Brydain ar ei longau) mewn gwenithfaen o groes Geltaidd pinc ac mewn cyflwr digon blêr. Mae un o'r paneli gwybodaeth yma yn crynhoi hanes ei fywyd reit wrth ymyl y bedd. Saif y bedd ar ochr dde y llwybr fel rydych yn cerdded i gyfeiriad y de a hynny o fewn tafliad carreg byr i brif fynedfa'r capel (sydd ar adeg ysgrifennu'r daith yma wedi ei gau a'i fyrddu).

Er mwyn atgoffa eich hun am ei gyfraniad i hanes Lerpwl a'r byd gallwch droi 'nôl at y daith gyntaf. O edrych ar safle swyddogol mynwent Anfield ar y we fe welwch yr holl adrannau wedi eu rhannu. Mae bedd Alfred yn 'General Section 4'. Mi fydd y rhan fwyaf o'r beddau nesaf yn gorwedd yn weddol agos i'r capel eto a hynny yn 'General Section 5'.

2. David Hughes, Yr Wylfa

Symudwn rŵan i'r llwybr sydd ar ochr ogleddol y capel. Mae'r beddfaen tua 30 metr oddi wrth y capel reit ar ochr chwith y llwybr tarmac. Bydd y rhan fwyaf o'r beddfeini nesaf yn gorwedd yn agos i ochr chwith y llwybr fel y cerddwch i gyfeiriad y gogledd-ddwyrain, a hynny ar dro sy'n

Plas Trwyn yr Wylfa

aned yn 1820 oedd David Hughes a dilynodd Owen Elias o Lanbadrig i weithio yn ei gwmni adeiladu yn ardal Everton fel 'joiner'. O fewn dim roedd yn gweithio ar ei liwt ei hun ac yn codi tai. Roedd tiroedd gwag rhwng y dociau ac ardal Stanley Road (y ffordd syth sy'n arwain tuag at ardal Bootle a Kirkdale). Yn yr ardal yma aeth ati i brynu a datblygu tir. Erbyn 1870 roedd ei gwmni ef a chwmni Owen Elias ymhlith adeiladwyr tai amlycaf y ddinas newydd. Ymhen dim daeth Thomas, brawd David, i fod yn rhan o'r cwmni ac yn raddol daeth cannoedd o grefftwyr o Fôn ac Arfon i chwilio am 'balmentydd aur' Walton, Everton ac Anfield. Adeiladodd David blas bychan iddo'i hun o'r enw Winterdyne, ac yn ddiweddarach cododd blasty Trwyn yr Wylfa fel ail gartref iddo ef a'i deulu. Yno y cynhaliwyd garddwest briodasol Edith, ei ferch, gyda'r Parch. John Williams (Princes Road a Brynsiencyn) fis Mai 1899.

Fel David Roberts, Llanrwst (gw. taith rhif 3) roedd David Hughes yn philanthropydd crefyddol. Talodd am adeiladu capel Cranmer Street ryw filltir a hanner o Anfield ac oherwydd y mewnlifiad o Gymry a'u hymlyniad i'w crefydd fe benderfynodd godi capel anferth Anfield Road. Yn wahanol i eraill arwain at adeilad cerrig y Catacombs dwyreiniol (wedi ei adeiladu o galchfaen coch). Fel y byddwch yn cyrraedd adeilad y Catacombs mae beddau o leiaf 20 o Gymry Cymraeg amlwg yn gorwedd.

Yn gyntaf ymwelwn â beddfaen David Hughes, Yr Wylfa, sef yr adeiladwr cyfoethog a fu'n bennaf gyfrifol am godi'r strydoedd o gwmpas maes pêl-droed Anfield yn ogystal â thalu'r gyfran helaethaf o'r gost i godi capel enwog Anfield Road.

Mab y tŷ capel, Cemaes, Ynys Môn a

o'r adeiladwyr fe aeth David ati hefyd i godi warwsau brics coch enfawr yn ardal y dociau gogleddol. Yn hytrach na'u gwerthu fe'u gosododd ar rent i storio cotwm ac ŷd ayb. Adeiladodd ffatri/ffwrn galch ar gyfer creu brics i ateb galw yr adeiladwyr. Bu'n amlwg iawn yn hanes twf y blaid Ryddfrydol ar lannau Merswy yn ogystal â bod yn Ynad Heddwch. Daeth hefyd yn Uchel Siryf Ynys Môn, swydd bwysig yn y cyfnod hwnnw. Trigai dros y gaeafau yn ei blasty lleol, Winterdyne, gan dreulio llawer o'i hafau ar Drwyn yr Wylfa yn y tŷ haf crandiaf a welwyd erioed ar Ynys Môn. Pan fu farw yn 1904 ymddengys iddo adael gwerth 12 miliwn o bunnoedd o asedau ar ei ôl.

3. T. J. Hughes, y Perchennog Siopau

T. J. Hughes, y siopwr

Mae stori Thomas James Hughes yn un o'r rhai mwyaf rhyfeddol yn hanes esblygiad siopau mawr modern yr ugeinfed ganrif. Mae hi'n arbennig o ddifyr i mi yn bersonol gan fod y teulu yn hanu o Glasfryn, Uwchaled a fferm Pencraig, Betws Gwerful Goch yn Sir Ddinbych. Mae beddfaen y teulu yn sefyll ar ochr chwith y llwybr tua 40 metr wrth gerdded ymlaen o fedd David Hughes, yr adeiladwr. Mae'r garreg mewn gwenithfaen ddu tua 5 troedfedd o uchder yn sefyll ar sylfaen risiog ac yn dechrau gyda choffa am James, tad T.J. a drigai yn 'Pencraig Spellow Lane' yn eithaf agos i'r fynwent hon.

Symudodd rhieni T. J. Hughes i ddechrau busnes dilledydd ym Mhenbedw a hynny ar ôl dechrau busnes llwyddiannus tebyg ar stryd fawr tref Corwen. Yn 1912 agorodd T.J. siop fechan ar London Road. O fewn degawd roedd y siop wedi tyfu i fod yn siop adrannol (*department store*) tebyg i un Owen Owen, Machynlleth. Erbyn 1930 roedd y siop yn cyflogi dros 400 o weithwyr. Daeth siopwyr o bob rhan o ogledd Cymru a Lloegr i ymweld â'r adeilad unigryw a safai ar London Road. Gallwch ganfod catalogau a rhestrau o gynnwys y siop wrth chwilio ar y we. Roedd hefyd yn berson dwys a chrefyddol. Ganed ei ferch Shirley Hughes bum mlynedd cyn iddo farw (bu hi farw yn 2022). Roedd hi'n awdur a darlunydd byd-enwog ac fe greodd straeon enwog Alfie y bachgen bach direidus. Mae gan y teulu Feibl Cymraeg o eiddo T.J. yn eu meddiant sy'n frith o sylwadau mewn pensel wedi eu hysgrifennu ar ochrau'r tudalennau (yn y Gymraeg).

Yn ystod blwyddyn olaf ei fywyd, ac yntau'n 42 mlwydd oed, daeth T.J. i deimlo pwysau'r busnes. Neidiodd ar long oedd yn hwylio i Belfast. Credir iddo saethu ei hun a disgyn i'r môr. Ni chafwyd hyd i'w gorff. Roedd wedi gadael llythyr na ddangoswyd erioed i neb y tu allan i'r teulu. Sylwch ar eiriad y garreg fedd, gwelir yn amlwg mai coffâd amdano ymhlith ei anwyliaid sydd yma.

Wrth edrych ar y garreg fedd fe sylwch fod mam T.J., sef Anne, wedi marw gwta blwyddyn cyn marwolaeth T.J. Tybed wir oedd ei fam wedi bod yn ddylanwad ar ddoethineb a datblygiad ei fusnes? Mae hi mor hawdd anghofio cyfraniad merched i lwyddiant y dynion hynny sy'n cael eu cofnodi mor fanwl yn ein llyfrau hanes.

Mae'r deyrnged â gyhoeddwyd yn y *Liverpool Echo* ar achlysur claddedigaeth Anne yn dystiolaeth gref bod ei dylanwad dros holl fusnesau y teulu yn allweddol. Merch o Pencader oedd Anne a ddaliodd i fyw mewn tŷ teras ar Spellow Lane gydol ei hoes (ger maes pêl-droed Goodison). Gallai yn

Wrth garreg fedd T. J. Hughes

Siop newydd T. J. Hughes yn cael ei hagor yn Church Street (Does neb o linach teulu 'T.G.' yn rhan o'r busnes bellach.)
(llun: Colin Lane/Liverpool Echo)

hawdd fod wedi adeiladu plasty moethus iddi hi ei hun. Gadawodd ffortiwn sylweddol i'w theulu yn ogystal ag i ddwsinau o'r gweithwyr a gyflogwyd yn ei siop nodedig ar County Road. Does ryfedd i fusnes enfawr T.J. lewyrchu cymaint ar London Road. Yn y siop honno fe ofalai T.J. barchu ei weithwyr bob amser ac hydnoed chwarter canrif ar ôl ei farwolaeth roedd cyhoeddiadau uchelseinyddion y siop yn ddwyieithog.

4. Richard Owens y Pensaer

Cerddwn ymlaen ar y llwybr tarmac am tua 30 metr. Down rŵan at glwstwr o feddau Cymreig. O fewn llathen i'r ochr chwith gwelir carreg fedd a chroes Geltaidd gron ar ei chopa. Mae'r rhan waelod mewn gwenithfaen binc a'r tŵr mewn carreg lwyd olau. Dyma fedd Richard Owens a Margaret. Bu farw Richard yn 1891 a Margaret yn 1901 (yn 69 mlwydd oed). Roedd ganddynt bum merch a mab.

Gellir dadlau eich bod rŵan yn sefyll uwch bedd un o'r penseiri pwysicaf yn hanes dinas Lerpwl a gogledd Cymru. Ganed Richard Owens yn Plas Belle, Y Ffôr, Pwllheli, ger y fan lle saif Hufenfa De Arfon heddiw. Wedi dysgu crefft saer gan ei dad Griffith Owen symudodd i Lerpwl yn 20 mlwydd oed ac ar ôl cyfnod yn gweithio fel clerc i adeiladwyr yn Everton daeth yn fesurydd tir i gwmni Williams a Jones ar Castle Street. Tra yno ymgymerodd â chwrs peiriannydd a phensaer ac erbyn 1862 roedd yn bensaer hunangyflogedig. Y flwyddyn honno cafodd y contract o gynllunio capel Methodistaidd Fitzclarence Street ar gyfer capelwyr Rose Place, gan fod yr achos yn Rose Place wedi cynyddu mewn aelodaeth. Hwn oedd y capel crandiaf hyd yma yn hanes Methodistiaeth Cymru ond ysywaeth does dim ond llun ysgrifbin ohono ar gael heddiw.

Matthew Jones, blaenor yng Nghapel Fitzclarence Street

Capel Fitzclarence Street

Rhwng 1862 ac 1892 cynlluniodd Richard Owens dros 250 o gapeli pwysicaf Cymru fodern a saif y rhan fwyaf ohonynt hyd heddiw. Dyma chwe enghraifft ichi:

Capel Annibynwyr Stryd Fawr, Bethesda
Capel Mynydd Seion, Abergele
Capel y Manod, Blaenau Ffestiniog
Capeli Salem, Llandeilo a Llanbedr Pont Steffan
Capel Glanaber, Llanuwchllyn
Capel Engedi, Caernarfon

Mae hi'n hawdd canfod y rhestr gyflawn ar y we drwy'r 'lincs' ar wicipedia ac fe geir linc yn y fan honno i'r *Cymro*, Rhagfyr 1891, lle ceir teyrnged a disgrifiad manwl o ddiwrnod y cynhebrwng a 600 o bobl yn bresennol ar lan y bedd.

Yn Lerpwl fe gofir Richard Owens a'i fab Hugh fel penseiri a fu'n gyfrifol am gynllunio 10,000 (ie deg mil!) o dai yn y ddinas. Yr enwocaf mae'n debyg yw'r strydoedd Cymreig a deithiwyd gennym yn nhaith rhif 3 (sy'n cynnwys rhif 9 Madryn Street). Drwy gydweithio gyda chwmni David Roberts o Westminster Chambers ar Crosshall Street gadawodd Richard ôl parhaol ar dde a gogledd y ddinas. Does ryfedd i'r hanesydd J. A. Picton gyfeirio at y strydoedd yn y gogledd fel hyn:

'Everton is the Goschen of the Cambrian race. Its modern development is almost entirely the work of Welsh builders.'
(Pictons Memorials of Liverpool)

Adeiladodd Richard Owens gartref crand iddo'i hun yn agos i'r fynwent ar ymyl gogleddol Parc Stanley, a'i enwi'n 'Rhianfa'. Priododd un o'i ferched gyda meddyg o Flaenau Ffestiniog ac fe gollon nhw fab o'r enw Richard W. Vaughan Roberts yn y Somme.

5. William a James Venmore, y brodyr o Lannerch-y-medd

Yn llythrennol o fewn 5 metr i fedd Richard Owens fe gewch feddau dau frawd diddorol o Lannerch-y-medd, Ynys Môn. Carreg wenithfaen binc hefo wrn (*urn*) a gorchudd drosto sydd gan William Venmore a'i deulu (Beech Hill, Anfield Road). Reit wrth ei ochr mae James ei frawd (a'i deulu) yn gorwedd.

Petaech yn edrych ar y we am 'Venmore Estate Agents' heddiw mi ddowch ar draws cwmni gwerthu tai mwyaf gogledd Lloegr. Petaech yn cerdded heibio rhai o dai drudfawr ardal Sefton, Croxteth ac Allerton yn Ne Lerpwl mi gewch hyd i dai sy'n cael eu gwerthu am filiynau gan y cwmni a esblygodd o waith diwyd y ddau frawd a symudodd i Lerpwl yn 1862. Ymhen dim roeddynt yn gweithio fel asiantaeth werthu ar ran yr adeiladwyr Cymreig. Yn arbennig felly dros David Hughes, Yr Wylfa.

Yn eu hugeiniau cynnar fe agorodd William a James eu busnes ar yr hen Scotland Road. O fewn ugain mlynedd dyma un o brif asiantaethau gwerthu tai y ddinas gyfan. Roedd Arthur a Cecil, meibion James, i agor siop a swyddfa newydd ynghanol Lerpwl ar North John Street. Roedd William a James yn Fethodistiaid ymroddedig ac yn flaenoriaid yng Nghapel Anfield Road. Bu William yn drysorydd ar y Genhadaeth Dramor am flynyddoedd maith a rhoddodd y busnes gymorth a chefnogaeth hael i achosion y ddinas drwy'r ugeinfed ganrif.

Os craffwch ar y ddwy garreg fedd fe sylwch fod y ddau frawd wedi marw o fewn diwrnod i'w gilydd yn ystod mis Rhagfyr 1920. Dylid nodi hefyd eu ffyddlondeb i ynys eu mebyd. Bu James yn Ynad Heddwch ac yn Uwch Siryf dros Ynys Môn, fel David Hughes, Cemaes a oedd yn dad-yng-nghyfraith iddo.

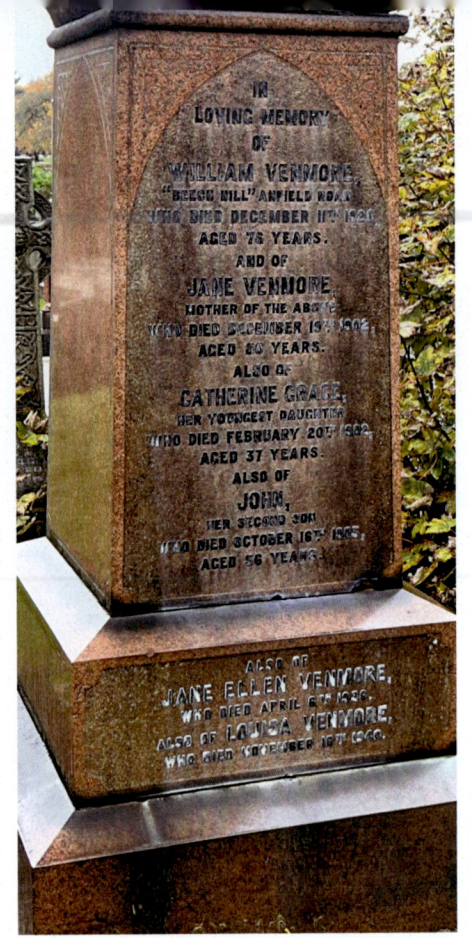

Sylwer ar y nodyn trist ar waelod carreg teulu James. Bu farw ei fab Lieutenant James Frederick ar faes brwydr y Somme. Roedd yn ŵr disglair, wedi graddio fel pensaer i'r cwmni ac wedi ennill medal V.C. am ddewrder cyn ei farwolaeth yng Ngorffennaf 1916. Fe'i claddwyd ym mynwent Brydeinig Dantzic Alley. Roedd yn aelod o'r ffiwsilwyr Cymreig ac ar ei garreg fedd yn Ffrainc mae'r geiriau:

'Cariad mwy na hyn nid oes gan neb.'

Petaech yn gwglo Lieutenant James Frederick Vermore, The Kings (Liverpool Regiment) fe gewch hyd i fywgraffiad o'i fywyd byr. Mi ddaw'r stori â deigryn i'ch llygaid.

Rydan ni rŵan am symud ymlaen at ben draw adeilad y Catacombs tuag at fedd Owen Thomas, ond cyn cyrraedd, cymrwch ychydig gamau i lawr i'r chwith ac fe gewch feddfaen (tŵr obelisg) wenithfaen wen Owen Elias a'i deulu: y 'King of Everton' a adeiladodd y strydoedd o gwmpas Goodison Park. Symudwyd y garreg hon o hen fynwent y Necropolis. Bu farw Owen Elias yn 73 mlwydd oed yn 1880. Roedd yn un o'r adeiladwyr pwysicaf yn hanes twf y ddinas.

6. Y Parch. Owen Thomas a'i deulu

Symudwn ymlaen rŵan ar hyd y llwybr tarmac sydd reit wrth ochr y Catacombs. Cyn i'r llwybr droi i'r chwith tuag at ganol y fynwent fe ddown at feddfaen fwyaf ac uchaf y rhan yma o'r adran. Rydan ni bellach gyferbyn â chanolbwynt y Catacombs. Dyma fedd Owen Thomas D.D. a'i deulu, gweinidog enwocaf Capel Princes Road (soniwyd amdano yn yr ail daith). Carreg wenithfaen lwyd yw hon gyda'r hanner isaf yn sgwâr ag obelisg uchel (tua 15 troedfedd) ar yr hanner uchaf. Dyma'r geiriau ar y garreg a llun ohoni:

> Er cof am / Y Parch Owen THOMAS, D.D. / yr hwn am 57 mlwydd, / trwy ei weinidogaeth nerthol a dylanwadol / a fu yn addurn dysglaer / i'r pwlpud cymreig; trwy ei ysgrifeniadau coeth a galluog / a gyfoethogodd lenyddiaeth ei genedl; / a lanwodd le mawr / fel

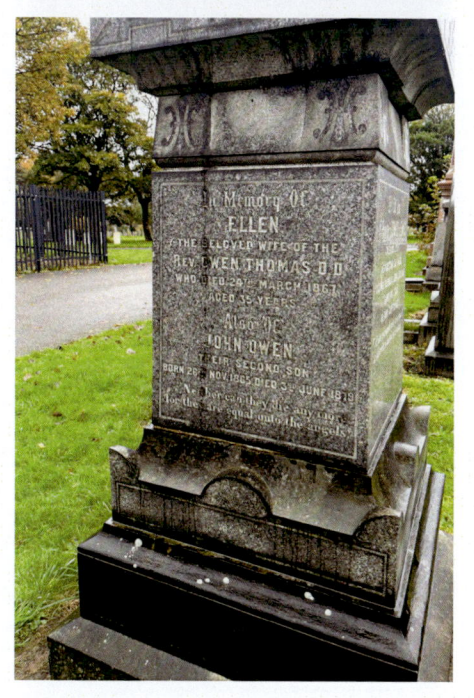

arweinydd / yn nghynadleddau y trefnyddion calfinaidd / ganwyd yn Nghaergybi, Rhagfyr 16, 1812, / bu farw yn Liverpool Awst 2, 1891. // "A ni gan hynny yn gwybod ofn yr Arglwydd / ydym yn perswadio dynion." // In memoriam / Mary Margaret, / the loving wife of the / Rev. Lodwig LEWIS, / and the second daughter of the // Rev. Dr Owen THOMAS, / born 13th Jan. 1863, died 30th Sep. 1990. / "Blessed are the pure in heart." // In memory of / Ellen, / the beloved wife of the / Rev. Owen THOMAS, D.D. / who died 24th March 1867, / aged 35 years. / Also of / John Owen, / their second son / born 26th Nov. 1865, died 3rd June 1879 /

"Neither can they die and more / for they are equal unto the angels." // In memoriam / Mary Margaret, / the loving wife of the / Rev. Lodwig LEWIS, / and the second daughter of the / Rev. Dr Owen THOMAS, / born 13th Jan. 1863, died 30th Sep. 1900./ "Blessed are the pure in heart." // Er cof am /Y Parch Lodwig LEWIS, / gweinidog gyda'r / Methodistiaid Galfinaidd / yn Sciwen Aberdulas, Lerpwl Abertawe / ganwyd, Mai 7.1859, / bu farw, Gorff. 21. 1933. / Cyfraith gwirionedd oedd yn ei enau ef / ac anwiredd ni chafwyd yn ei wefusau.

O'i gefndir cyffredin yn ardal capel Tabernacl, Caergybi daeth Owen Thomas

Rhan o'r deyrnged olygyddol yn
Y Cymro

i gael ei adnabod fel un o brif weinidogion y Presbyteriaid. Bu'n weinidog yng nghapel enwog Jewin yn Llundain ac yna yng Nghapel Netherfield Road cyn dod yn weinidog yn Princes Road. Dechreuodd ei yrfa fel saer maen gan ddilyn crefft ei dad ar ôl i'r teulu symud i Fangor. Wedi cyfnod yng Ngholeg y Bala a Phrifysgol Caeredin daeth yn Weinidog Eglwys Penmount, Pwllheli ac yna i Lanidloes cyn derbyn galwad i Jewin.

Dylid cofio bod Owen Thomas yn ei ddydd yn rhyw fath o selebriti. Roedd y parch a ddangosai Cymry Llundain a Lerpwl tuag ato yn anodd inni ei ddirnad heddiw. Roedd yn hanesydd ac yn ddiwinydd ac yn un o drefnyddion pwysicaf hanes y Gymdeithasfa a'r Gymanfa Fethodistaidd Gymreig. Cyfrifid ef ymhlith areithwyr gorau ei oes a phan ddeuai i bregethu i gapeli Cymru byddai'r seddau i gyd yn cael eu llenwi. Roedd yn un o'r cymeriadau hynny a allai droi ei law at bopeth gan gynnwys chwarae marblis a nofio.

Nid yn unig cyhoeddodd lyfrau ac erthyglau ond bu hefyd yn olygydd ar gylchgrawn *Y Traethodydd*. Gadawodd ei gasgliad enfawr o lyfrau i Goleg y Bala ac ar adeg cyhoeddi'r llyfr yma roeddynt yn dal yn y coleg hwnnw. Cewch arweiniad i'w hanes ef a'i deulu drwy ddilyn y lincs ar *Y Bywgraffiadur Cymreig* ar-lein.

Sylwch ar enw Lodwig Lewis ar y garreg. Dyma dad Saunders Lewis. Mary Margaret, ei wraig, oedd merch Owen Thomas ac Ellen. Magwyd Saunders Lewis ym Mhenbedw a threuliodd ei ieuenctid yn Lerpwl cyn symud i Abertawe. Oddi yno gadawodd waddol o gyfoeth llenyddol a gwleidyddol sy'n dal i hawlio lle blaenllaw ym mharhad yr iaith a'r diwylliant Cymreig cyfoes.

Mae paragraff cyntaf yr adroddiad allan o bapur *Y Cymro*, yn crynhoi pwysigrwydd ac arwyddocâd yr angladd yma ym mynwent Anfield yn Awst 1891.

7. Y Parch. Josiah Thomas, conglfaen y Gymdeithas Genhadol Gymreig

Ddeg metr oddi wrth fedd Owen Thomas fe gewch fedd ei frawd Josiah. Cerddwch rhwng y beddau i'r gorllewin at ymyl y llwybr tarmac mewnol ac fe welir beddfaen Josiah Thomas reit ar ochr y llwybr; gwenithfaen lwyd olau yw'r garreg ac mae ei chopa yn bwynt crwn llydan. Magwyd ef ym Mangor ac yn union fel ei frawd Owen fe aeth i Goleg y Bala ac yna graddio yng Nghaeredin cyn dod yn weinidog ar gapel newydd hardd Jerusalem ym Methesda.

Cofir amdano heddiw fel un o brif gonglfeini'r Gymdeithas Genhadol Gymreig. Bu'n ysgrifennydd y Gymdeithas hon yn Lerpwl o 1866 hyd 1900. Roedd criw o weinidogion Cymraeg Lerpwl wedi mynd ati yn 1840 i greu Cymdeithas Genhadol oedd yn annibynnol i'r Gymdeithas Genhadol yn Llundain. Sefydlwyd y Gymdeithas newydd yng Nghapel Rose Place o dan arweiniad John Roberts 'Minimus'. Tyfodd y Gymdeithas i gynnwys gweinidogion a blaenoriaid o gapeli Cymraeg eraill yn y ddinas megis Bedford Street a Mulberry Street. Dibynnodd y twf yma ar gyfraniadau ariannol yr adeiladwyr Cymreig, yn arbennig Owen Elias o Fôn a David Roberts, Hope Street ac Abergele. Yr hyn sy'n bwysig am waith Josiah Thomas yw ei ddawn i drefnu a hyrwyddo'r Gymdeithas. Anfonwyd mwy a mwy o genhadon

Cymreig i'r India nes gwelwyd bod 5,000 o frodorion wedi eu cymuno mewn Cristionogaeth Gymreig erbyn 1900 (100 yn unig oedd wedi eu hennill drosodd yn 1866). Yn sgil hyn oll gwelwyd mwy o emynau yn clodfori gwaith y cenhadon yn India megis emynau Pedr Fardd a gyhoeddodd ei waith yn Lerpwl gan gynnwys penillion fel hyn:

I'r dwyreiniol India draw
Y danfonwn
Iôr, dy gennad, ac i'th law
Ei cyflwynwn.

Pum mlynedd ar ei ôl bu farw Margaret, ei wraig, a merch y Parch. John Hughes, awdur y llyfr *Methodistiaeth Lerpwl* ac aelod o deulu argraffwyr enwog Hughes a'i Fab.

8. Y Parch. Griffith Ellis, Bootle

Camwn yn ôl rŵan at fedd Owen Thomas unwaith eto ar ochr y llwybr o flaen y Catacombs. Yma yn y bedd agosaf at Owen Thomas y gorwedda Griffith Ellis M.A. a'i deulu. Bu'n bregethwr ac yn weinidog yng nghapel enwog Stanley Road am hanner canrif. Saif y capel hwnnw heddiw fel pencadlys cwmni o gyfreithwyr reit ar ochr orllewinol Stanley Road tua dwy filltir a hanner i'r gogledd o ganol y ddinas.

Dylid cofio bod yr unigolion hyn, oedd mor amlwg ym myd crefyddol Lerpwl a Chymru, yn gymeriadau lliwgar ac amryddawn. Mae hi'n hawdd eu darlunio fel rhyw elît academaidd uchel-ael tra mewn gwirionedd roedden nhw yn arweinwyr poblogaidd ac yn barod i estyn pob math o gymorth i bobl gyffredin y ddinas a chyfrannu'n hael at achosion

Carreg fedd Griffith Ellis

dyngarol. Mae'r geiriau ar y garreg fedd yma (sydd mewn gwenithfaen lwyd) yn cadarnhau hyn ynglŷn â bywyd Griffith Ellis.

Magwyd ef yn Aberllefenni, plwyf Tal-y-llyn, Meirionnydd. Wedi cyfnod fel chwarelwr daeth yn fyfyriwr ac yna'n athro yng Ngholeg y Bala cyn ennill B.A. ac M.A. yng ngholeg enwog Balliol yn Rhydychen (yn 1879).

Roedd y Prif Weinidog H. H. Asquith yn gyd-fyfyriwr gydag ef yno a daeth o dan ddylanwad yr athro Jowett (gŵr a fu'n ddylanwad mawr yn yr un coleg hefyd ar Syr O. M. Edwards). Oddi yno cafodd yr alwad i ddod yn weinidog ar gapel newydd Stanley Road. Bu'n amlwg ym mhob agwedd ar fywyd Cymry Lerpwl drwy'r hanner can mlynedd nesaf. Cyhoeddodd ddwsinau o ysgrifau a llyfrau, nid y lleiaf ei gofiant i'r Prif Weinidog Rhyddfrydol W. E. Gladstone yn 1906, gwleidydd a fu mor ddylanwadol yn hanes twf y blaid Ryddfrydol yng Nghymru.

O ganlyniad i'w waith yn ardal Bootle sefydlwyd tri chapel arall sef Walton Park, Peel Road a Waterloo.

Gellid ehangu a thraethu am oriau ar hanes ei fywyd. Fe sylwch ar enw Leta Eleanor ar y garreg fedd. Dyma ferch hynaf Griffith a Mary ei wraig. Roedd Mary Ellis yn ferch i un o'r adeiladwyr Cymreig mwyaf llwyddiannus sef John Williams, Moss Bank. Daeth William Humphrey Williams, ei brawd, yn faer dinas Lerpwl yn 1909.

Roedd John Williams yn adeiladu strydoedd o gwmpas Goodison ac fe enwyd un stryd ar ôl Leta. Y stryd drws nesaf i honno yw Gwladys Street sef y stryd roddodd ei henw i'r enwog Gwladys Street Stand yn y maes pêl-droed. Roedd Gwladys hefyd yn Gymraes ac yn wyres arall i John Williams, Moss Bank.

9. Eleazar Roberts, cerddor a seryddwr

Trown ein golwg yn ôl tua chanol yr adran hon o'r fynwent a adnabyddir fel General Section 5 ac anelwn am fedd rhif 1115. Uwch bedd y cerddor, llenor a'r seryddwr Eleazar Roberts fe saif carreg wen a chroes Geltaidd uwch ei phen. Mae'n gorwedd tua hanner canllath tuag i mewn o'r llwybrau ac yn ôl i gyfeiriad y gorllewin o'r ardal lle mae bedd teulu Owen Thomas.

Saer coed diwylliedig o Aberdaron oedd John ei dad ac roedd ei fam, Margaret, yn dduwiol a deallus. Yn fuan ar ôl bedyddio Eleazar symudodd y teulu o Ben Lôn Llŷn, Pwllheli i Lerpwl. Tra'n gweithio fel clerc yn ei arddegau aeth i

Carreg fedd Eleazar Roberts

ysgol nos yn y Liverpool Institute. Drwy'r capel daeth i ddysgu sgwennu, barddoni a chanu. Dringodd o fewn swyddfa ynadon y ddinas, lle gweithiodd y rhan fwyaf o'i oes a daeth yn brif gynorthwywr clerc cyflogedig Lerpwl. Daeth yn Ustus Heddwch yn 1894. Er na threuliodd fawr ddim o'i amser yng Nghymru ymroddodd yn llwyr i Gymreictod.

Ysgrifennai erthyglau a cholofnau ar gyfer *Y Drysorfa*, *Y Genhinen* a'r *Traethodydd*. Roedd ganddo golofn wythnosol boblogaidd yn *Yr Amserau* o dan y ffugenw 'Meddyliwr'. Un o'i brif gyfeillion oedd y seryddwr enwog Dr Isaac Roberts ac wedi iddo symud i fyw i Hoylake adeiladodd arsyllfa sêr iddo'i hun. Cyhoeddodd gyfieithiadau o waith seryddiaeth y seryddwr byd-enwog Dr Thomas Dick.

Daeth i adnabod yr Apostol Heddwch Henry Richard drwy lythyru ac ysgrifennodd Gofiant iddo. Cyhoeddodd nofel am Gymro a'i fywyd yn y Lerpwl Gymreig, sef Owen Rees. Yn wreiddiol, cyfres o golofnau yn *Y Cymro* oedd hon, ond fe ddatblygodd i fod yn stori bywyd (*A Story of Welsh Life and Thought*, fel y cyhoeddir ar y dudalen flaen).

Roedd Eleazar hefyd yn emynydd o bwys a chofir yn arbennig am ei emyn i blant 'O na bawn yn fwy tebyg i Iesu Grist yn byw' – 1864. Tra'n godwr canu ac yn flaenor yng nghapel mawr Netherfield Road fe aeth ati yn 1880 i gyd-drefnu ac arwain Cymanfa Ganu gyntaf y ddinas lle'r oedd tua phum mil o bobl yn bresennol. I lawer o'i gyfoeswyr efallai y dylid cofio amdano fel un o brif hyrwyddwyr canu sol-ffa a defnyddio'r *modulator*. Heb ei waith i'r cyfeiriad yma mae'n amheus a fyddai cymanfaoedd canu wedi dod mor boblogaidd yng Nghymru ac a fyddai Diwygiad 1904/05 wedi tanio mor ysgubol o lwyddiannus.

Be am roi tonc i 'O na bawn i fel efe' uwchben ei fedd?

10. John Thomas a'r Athro William Thelwall Thomas

I gloi'r daith gerdded o gwmpas mynwent Anfield rydan ni am ymweld â man claddu un a fu, ac a fydd, o dragwyddol bwys yn y broses o gofnodi hanes Cymru yn ystod y cyfnod Fictorianaidd. Anelwn yn ol at y fynedfa i'r fynwent ar Priory Road lle ddechreuodd ein taith o gwmpas y beddau. Gorwedd y bedd tua deg metr oddi wrth y llwybr ar y chwith wrth ichi anelu am y fynedfa. Fel rydw i'n sgwennu'r cofnod yma mae'r garreg fedd dan sylw yn gorwedd ar ei hwyneb at y ddaear.

Wrth fedd John Thomas ym mynwent Anfield

Oherwydd hyn mi gymrodd gryn amser imi ei chanfod. Gobeithio'n wir y bydd rhywrai yn rhywle yn ailgodi'r garreg yn ôl ar ei thraed er parch i'r gwaith a gyflawnodd John Thomas (yn ogystal â'i fab, y meddyg enwog a'r Athro William Thelwall Thomas). Dechreuwn gyda'r ysgrif sydd ar y garreg yn ôl cofnodion swyddogol y fynwent:

> In affectionate remembrance of / Elizabeth, / the beloved wife of John THOMAS, / 47 Everton Road, / who died 7th Jan. 1896, aged 68 years. / Also J. Llewelyn Trevor, / son of the above / who died 13th May 1869, aged 7 months. / Also Gwyneth Cruickshank Thelwall, / daughter of Thelwall and Anabel THOMAS / who died 9th Sep. 1896, aged 14 days. / Also the above John THOMAS, / died 14th October 1905, / aged 67 years. / Also Thomas Glwysfryn HUGHES, / who died 26th April 1917, aged 80 years. / In memory also of the above / Anabel THOMAS, / died 7th July 1927, aged 61 years, / And of / Professor William Thelwall THOMAS, Ch.M; F.R.C.S; M.B.E., / died 10th September 1927, aged 62 years. / Both cremated at Anfield.

Ar ddechrau'r bedwaredd daith roeddem yn sefyll o flaen 47 Everton Road. Dyma gartref a chanolfan gwaith John Thomas, y Cambrian Gallery. Mae'r cartref teuluol yma 'run fath heddiw ag ydoedd pan oedd y gŵr o Cellan, Aberteifi a'i wraig Elizabeth o Fryneglwys, Sir Ddinbych, yn magu eu pedwar o blant o fewn ei furiau. Daeth dau ohonynt yn feddygon amlwg. Yr ail blentyn oedd yr Athro William Thelwall Thomas. Roedd yr enw Thelwall yn hanu o linach ei fam ac mae'n parhau hyd heddiw ymhlith rhai o'r disgynyddion teuluol yn Sir Ddinbych.

Yn 17 mlwydd oed mentrodd John ar y daith heriol i Lerpwl ac ar ôl cyfnodau yn gweithio fel dilledydd ac fel gwerthwr papur mentrodd ar ei liwt ei hun yn dilyn crefft roedd wedi ei ddysgu yn ei amser hamdden, sef tynnu lluniau camera. Prin iawn yw'r lluniau ffotograff o Gymru a'i phobl cyn 1867 ac o hynny hyd ei farwolaeth yn 1905 gellir dweud mai John Thomas y Cambrian Gallery oedd y mwyaf diwyd a chynhyrchiol a fu'n gweithio o fewn y maes hwnnw.

Dechreuodd ar ei antur drwy wahodd pregethwyr Cymreig i eistedd am eu llun. Hyd heddiw mae llawer o'r lluniau gwreiddiol a werthodd i'r enwadau amrywiol yn crogi ar furiau capeli ar hyd a lled Cymru. Ymhen dim daeth yn ymwybodol o bwysigrwydd croniclo bywyd o fewn cymunedau a chymdeithasau drwy Gymru gyfan. Mae

William Thelwall Thomas

tair mil o'r lluniau a dynnwyd ganddo i'w gweld ar safle digidol y Llyfrgell Genedlaethol. Cyn iddo farw fe werthodd ei gasgliad o blatiau lluniau am bris isel i O. M. Edwards. Ychydig flynyddoedd yn ddiweddarach fe'i rhoddwyd i'r Llyfrgell gan Syr Ifan ab Owen Edwards.

Ni ellir gorbwysleisio cyfraniad John Thomas i hanes Cymru. Cyhoeddwyd llyfr ar ei ffotograffau a'i hanes gan Iwan Meical Jones. Bellach gellir astudio a gwerthfawrogi ei waith ar safle 'Casgliad y Werin' ar y we. Ceir yma olygfeydd gwych o gefn gwlad a phentrefi Cymru yn ogystal â darluniau o weithgarwch ffeiriau a ffermio, capeli ac eglwysi, gwleidyddion a morynion etc. Mae'r cyfan yn crynhoi popeth y gellir ei ddweud bron ynglŷn â hanes ein gwlad yn ystod degawdau olaf y bedwaredd ganrif ar bymtheg.

Dyma enghreifftiau o waith John Thomas yn cofnodi agweddau ar fywyd gwerin Cymru yn niwedd y 19fed ganrif. Roedd ymweliad yr hen dynnwr lluniau yn achlysur arbennig yn ein trefi a'n pentrefi. Roedd Owen Gethin wedi mynnu dal copi o *Gweithiau Gethin* o flaen y camera yn y llun arbennig o Feirdd Llanrwst.

Gallwn draethu yn hir am orchestion John Thomas. Cewch wneud hynny drosoch eich hun pan gewch hamdden. Addas cloi drwy gyfeirio at un o'r pedwar plentyn sydd â'i lwch wedi ei wasgaru ar y bedd. Roedd y llawfeddyg a'r Athro William Thelwall (1865–1927) yn un o gymeriadau pwysicaf

John Thomas, yr hen dynnwr lluniau

Beirdd Llanrwst – llun John Thomas

meddygaeth fodern Brydcinig. Cyflawnodd waith arloesol yn Lerpwl drwy fod yn bennaeth adran llawfeddygaeth. Mae llun olew ohono i'w weld ar fur Amgueddfa Prifysgol Lerpwl – gyda sigarét yn ei geg. Does ryfedd iddo gael ei alw gan lawer yn 'Smoking Professor'! Arloesodd mewn technegau 'antiseptic' a thriniaeth o wythiennau varicose ac ef a gyflawnodd y llawfeddygaeth gyntaf swyddogol ar yr apendics (*appendectomy*) yn ninas Lerpwl yn 1895.

Drwy gydol ei yrfa glynodd William Thelwall at werthoedd Cymreig. Bu'n flaenor ac athro Ysgol Sul ffyddlon i gapel Cymraeg Fitzclarence Street. Bu'n llywydd y dydd yn Eisteddfod Genedlaethol Pwllheli 1925. Dyma gymeriad arall sy'n haeddu llawer mwy o sylw nag a gafodd gan haneswyr Cymru.

Plant ar lan Llyn Tegid – llun John Thomas

Stryd y Bont, Llangefni – llun John Thomas

Mae'r artist Frank Green wedi rhoi ei oes i gofnodi lleoliadau Cymreig Lerpwl ar gynfas. Mae cerdd Myrddin ap Dafydd yn werthfawrogiad o'i waith a hefyd yn dangos pwysigrwydd cadw stori Cymry'r ddinas yn fyw.

Brics mewn wal
i Frank Green

Cerrig tir ym Môn ac Arfon,
Pennau cŵn a cherrig afon,
Cerrig cloi mewn hen gymdeithas;
Brics mewn wal oedd Cymry'r ddinas.

Waliau sych ar dir agored
Oedd yng Nghilan ac Uwchaled,
Blas y pridd yn creu'r briodas;
Mortar oedd rhwng Cymry'r ddinas.

Efo'r llechi o Ddinorwig
Roedd 'na hogiau'n dallt y cerrig;
Efo'r clai a'r meini cochion
Y dôi'r labrwrs o Riwabon.

Roedd 'na deulu bach i'w gynnal:
Dyna'r swigan yn eu lefal;
Pres at fyw a byw i'r antur:
Dyna linyn plwm y gweithwyr.

Daeth o'r borth a'r ffair a'r tyddyn
Lygad craff i weld briwsionyn;
Daeth o'r graig a'r ffridd a'r fawnen
Ddwylo garw i daro bargen.

Ond wrth godi strydoedd newydd
Roedd hen dynfa'r waliau mynydd
Yn creu patrwm o'u hatgofion
Gan addurno'r waliau moelion.

A phan chwalwyd calon Lerpwl,
Rhwng y sgips, a'r llwch yn gwmwl,
Daeth y byw i dir y meirw
A rhoi'i llun mewn paent i'w chadw.

Myrddin ap Dafydd

Gair i gloi

Mae sawl mynwent a chofeb, sawl stryd a sawl adeilad arall perthnasol y gellid ymweld â nhw wrth gerdded y ddinas. I bwrpas llunio'r teithlyfr yma bu raid hepgor ambell safle er mwyn hwylustod ac ymarferoldeb y teithiwr. Gobeithio bod y sawl sydd wedi dilyn y llwybrau wedi cael mymryn o'r gwefrau a gefais i yn ystod fy holl ymweliadau â Lerpwl y Cymry. Gobeithio y bydd y profiad hwn wedi bod yn gymorth hefyd tuag at ddeall a gwerthfawrogi cyfraniad ein cenedl i dwf yr holl gytrefiad hwn a fu mor bwysig yn hanes datblygiad gogledd Cymru a thu hwnt. Nid gormodiaith yw dweud mai hon yw'r un ddinas yn y Byd sy'n cynrychioli mentergarwch Cymreig ar ei orau. Gobeithio y bydd awdurdodau Cyngor y Ddinas yn gwarchod eu hymwybyddiaeth o'u treftadaeth Gymreig am genedlaethau i ddod.

Cydnabyddiaeth lluniau

Llyfrgell Genedlaethol Cymru, casgliad John Thomas (drwy Wikimedia Commons): 21, 22, 48(A), 57, 64, 72, 84, 88, 91, 109(A), 117, 118, 119

Y Lolfa: 59(A)

Wikimedia Commons: 1, 2, 3, 12, 13, 14, 15, 16, 17, 22, 23, 24, 27(A), 28, 29, 30, 32, 33, 35, 36(A), 37, 38, 41, 42(A), 43, 44, 45, 47, 49(A), 51, 52, 55, 56(A), 59, 60, 61, 69(A), 74, 75(B), 76, 79(A), 90(A), 92, 96, 97, 101, 102, 103, 106, 109,

Yr awdur: 7, 10, 40, 42

Colin Lane/Liverpool Echo: 107(B)

Llyfrgell Genedlaethol yr Alban: 93, 97, 99

Deiseb Heddwch Merched Cymru: 95

Rhian Tomos: 6

Gwasg Carreg Gwalch: 19, 20, 26, 27, 31, 34, 36, 39, 45(A), 47(A), 48, 49, 51(A), 53, 54, 55(A), 64(A), 65, 66, 67, 70, 71, 73, 79, 80, 81, 82, 83, 85, 88(A), 89, 90, 95, 98, 99(A), 104, 105, 107, 108, 110, 111, 112, 114, 115, 116